# CONVERSACIONES
## *con los* ÁNGELES

Cómo trabajar *con* los ángeles
*de* luz para obtener guía,
consuelo *y* curación

## Elizabeth Clare Prophet

SUMMIT UNIVERSITY 🕊 PRESS ESPAÑOL™

CONVERSACIONES CON LOS ÁNGELES
*Cómo trabajar con los ángeles de luz para obtener guía, consuelo y curación*
de Elizabeth Clare Prophet
Copyright © 2015 Summit Publications, Inc. Todos los derechos reservados.
Título original: TALK WITH ANGELS: How to Work with Angels of Light for
Guidance, Comfort & Healing
de Elizabeth Clare Prophet
Copyright © 2014 Summit Publications, Inc. All rights reserved.

Para más información, contacte con Summit University Press Español™
63 Summit Way, Gardiner, MT 59030-9314 USA
Tel: 1-800-245-5445 o +1 406-848-9500
www.SummitUniversityPress.com

LOC: 2015933487
ISBN: 978-1-60988-259-4 (rústica)
ISBN: 978-1-60988-260-0 (eBook)

SUMMIT UNIVERSITY ☙ PRESS ESPAÑOL™
Summit University ☙ Press Español™
Summit University Press y ☙ son marcas inscritas en el Registro de Marcas de los
EE.UU. y de otros países. Todos los derechos reservados.

Diseño de cubierta de Nita Ybarra.
Diseño interior de James Bennett Design.

Impreso en los Estados Unidos de América.

Este libro está extraído de la serie de conferencias «Cómo contactar con los ángeles: tus guías, guardianes y amigos», de Elizabeth Clare Prophet.

Notas y limitación de responsabilidades: 1) Summit University no garantiza que
las prácticas descritas en este libro den resultados exitosos a cualquier persona en
cualquier momento. Tales prácticas se presentan solo con fines informativos, ya
que la práctica y la demostración de la Ciencia del Ser dependen de la persona.
2) Por razones prácticas de lenguaje, con frecuencia hemos utilizado «él» y «ellos»
para referirnos a las personas en general. Estos términos no suponen una exclu-
sión del aspecto femenino de estas.

Nuestro sitio web contiene selectas grabaciones en audio de las meditaciones con
los ángeles, canciones y mantras de este libro (y muchas otras): www.SummitLigh-
thouse.org/talkwithangels.

19 18 17 16 15      1 2 3 4 5

# ÍNDICE

# Los ángeles y tú

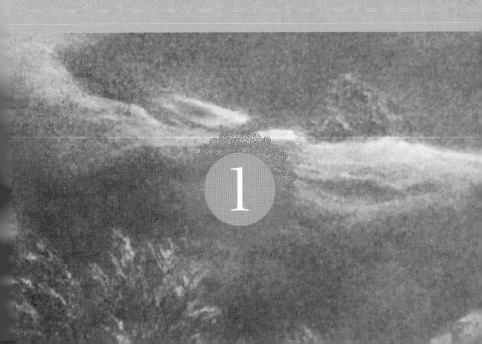

1

# Los ÁNGELES *y* TÚ

*L*os ángeles existen de verdad y están presentes con nosotros de manera personal. Están a nuestro alrededor. Cuando comulgamos con los ángeles, ellos nos llevan a un plano de conciencia superior. Si los invitamos a que entren en nuestra vida, nos ayudarán con el trabajo que hacemos. Los ángeles tienen una misión: Dios creó a los ángeles para que fueran nuestros guías, guardianes y protectores.

Todo ángel que viene a nosotros lo hace como mensajero. De hecho, la palabra «ángel» viene del latín *angelus,* que significa 'mensajero'. Los ángeles transmiten mensajes de amor, alegría, paz, enseñanzas, advertencias, protección. Ten un oído atento y un corazón receptivo y comenzarás a oír y sentir su guía en tu vida.

El autor de Hebreos nos dice que Dios «hace a sus ángeles espíritus, y a sus ministros llama de fuego»[1]. Dios creó a los ángeles a partir de su propio ser ardiente. Ellos no son seres de carne y hueso. Son seres de fuego, extensiones de la presencia de Dios; y los creó así para poder morar con nosotros a través de su séquito angélico.

CONVERSACIONES CON LOS ÁNGELES

## CUIDADORES CELESTIALES

Dios creó a los ángeles antes de crearnos a nosotros. Sabía que nos harían falta cuidadores celestiales y creó ángeles para que fueran justamente eso. Planeó las cosas para que ellos estuvieran listos y preparados cuando llegara el momento del nacimiento de sus hijos e hijas.

Cada ángel que llama a tu puerta, desde el menor hasta el mayor, contiene una gracia o un don especial que Dios mismo te está enviando marcado como «personal» y con tu nombre. Cuando abras la puerta y tu corazón a un ángel, prepárate para ser llenado con una esencia sagrada de Dios formulada especialmente para ti.

Mi interacción con los ángeles me ha enseñado que ellos cuidan de nuestro cuerpo, consuelan nuestro espíritu, vigorizan nuestra mente y restauran nuestra alma. Nos entregan la palabra de Dios y sus obras de intercesión y transmiten las profecías y advertencias de Dios, su consuelo e iluminación, sus exhortaciones y amonestaciones espirituales.

## ÁNGELES y ARCÁNGELES

Piensa en la presencia manifiesta del Dios único como el Gran Sol Central, el eje de luz en el nexo del cosmos Espíritu-Materia. Piensa en el taichí, el gran símbolo del taoísmo, las dos mitades del todo como representación del más y el menos, el cosmos Espíritu-Materia o el Dios Padre-Madre.

De este Sol Central resplandeciente y deslumbrante, que es tan vasto que ni siquiera podemos concebirlo con cierto sentido de la medida, salen haces de luz que se convierten en formas angélicas en su descenso hacia la Tierra. Igual que los rayos solares son extensiones del sol, los ángeles son extensiones de la presencia viva de Dios. Y los más grandes son los arcángeles y las arcangelinas. Cuando estamos en presencia de un arcángel o una arcangelina*, estamos en presencia de Dios. Hablaré más de esto en un momento.

Los ángeles tienen una multitud de cargos y funciones que están divididas entre las jerarquías celestiales, gobernadas por los siete arcángeles. Tomás de Aquino definió a los ángeles como guardianes de los hombres, mensajeros de Dios que entregan comunicaciones de importancia menor, diciendo también que los arcángeles son aquellos ángeles que llevan al hombre los más solemnes mensajes que Dios les confía.

Los arcángeles son los capitanes (los jerarcas) de las huestes angélicas. Dirigen los siete rayos, siete emanaciones luminosas de la conciencia de Dios. Los arcángeles son los arquitectos de Dios, quien los utiliza para trazar los planes de sus proyectos y ejecutarlos. Son constructores y diseñadores cósmicos en el sentido más grande de la palabra. Los arcángeles conectan a nuestra mente el arquetipo divino de cada empeño.

Los arcángeles son seres cósmicos que nos anteceden en millones de años. Ellos fueron nuestros primeros instructores. No hay campo alguno en el que ellos no alcancen la excelencia.

Todos los arcángeles son sanadores. Vienen como maestros cirujanos para arreglar cuerpos y reparar las rasgaduras en las vestiduras del alma. Junto con los Elohim, los cocreadores de la vida y la forma, ellos también poseen el poder de crear y deshacer la vida. Los arcángeles son seres extraordinarios, nada menos que Dios personificado en la forma como gracia, majestuosidad y poder Divino.

*Una arcangelina es el complemento femenino de un arcángel.*

## ÁNGELES ENCARNADOS

Todos los ángeles veneran a Jesucristo como la encarnación de Dios; todos, menos Lucifer y sus cuadrillas. El antiguo mito de la caída de los ángeles es verídico. Esos ángeles no quisieron hincarse ante el Hijo de Dios. En vez de eso, hicieron la guerra contra la Mujer y su Hijo Varón. Así, como está escrito en Apocalipsis 12, Miguel Arcángel los echó del cielo. Lucifer y sus cuadrillas perdieron esa guerra y juraron enemistad eterna contra el Cristo como el Verdadero Yo de todo hijo e hija de Dios.

Pero hay otro capítulo en la historia de la Gran Rebelión que no consta en el Apocalipsis. Cuando los ángeles buenos vieron que esos ángeles caídos iban por la Tierra haciendo la guerra contra los hijos de Dios, dijeron: «Nos ofreceremos. Queremos bajar y asumir forma humana para poder instruir a la gente sobre la traición de los ángeles rebeldes y proteger a los niños de Dios de sus propósitos malignos».

Dios permitió que esos ángeles buenos también encarnaran. Y así, están en cada raza, en todos los pueblos y en todas las naciones. Algunos sirven como instructores, consoladores y ministros maravillosos; y nos aman, nos protegen y cuidan de nosotros según nuestras necesidades de muchas formas.

¿Nunca has dicho, «es un verdadero ángel», al ver a alguien bueno, atento y altruista? Esa es la naturaleza de los ángeles. Están aquí con un único propósito: ayudarnos a todos nosotros a que consigamos volver al Origen. El apóstol Pablo encontró inspiración en su encuentro directo con los ángeles y nos dejó este recordatorio: «No os olvidéis de la hospitalidad, porque por ella algunos, sin saberlo, hospedaron ángeles»[2].

## LOS ÁNGELES *y el* HIJO *de* DIOS

¿Quién es el Hijo de Dios y cuál es su relación con los ángeles? El autor de Hebreos escribe:

> *¿Qué es el hombre, para que te acuerdes de él, o el hijo del hombre, para que le visites?*
>
> *Le hiciste un poco menor que los ángeles, le coronaste de gloria y de honra, y le pusiste sobre las obras de tus manos; Todo lo sujetaste bajo sus pies. Porque en cuanto le sujetó todas las cosas, nada dejó que no sea sujeto a él; pero todavía no vemos que todas las cosas le sean sujetas.*
>
> *Pero vemos a aquel que fue hecho un poco menor que los ángeles, a Jesús, coronado de gloria y de honra, a causa del padecimiento de la muerte, para que por la gracia de Dios gustase la muerte por todos.*

Puesto que Jesús nació de la carne, se dice que «fue hecho un poco menor que los ángeles». Antes de la Gran Rebelión de Lucifer, los ángeles jamás habían descendido al humilde estado de la carne; jamás habían ocupado cuerpos de carne como los que nosotros tenemos. Por tanto, hasta que los ángeles rebeldes cayeron, todos los ángeles del cielo veneraban al Hijo de Dios y le ministraban en todas sus funciones y vocaciones de Dios.

Hebreos continúa:

> *Porque convenía a aquel por cuya causa son todas las cosas, y por quien todas las cosas subsisten, que habiendo de llevar muchos hijos a la gloria, perfeccionase por aflicciones al autor de la salvación de ellos.*

*Porque el que santifica y los que son santificados, de uno son todos; por lo cual no se avergüenza de llamarlos hermanos.*[3]

El autor de Hebreos parece saber muy bien que cuando Jesús nos santifica, no somos distintos a Jesús, pues él nos ha dado la santificación de sí mismo. Por eso Jesús nos llama hermanos y hermanas.

Jesús nos ha convertido en sus iguales. Eso es lo que el autor de Hebreos cree, eso es lo que nos dice. El hecho de que Jesús nos llame *hermanos* nos establece a ti y a mí como iguales a Jesús: iguales en oportunidad, iguales en recursos interiores, iguales en capacidad de seguir sus pasos y realizar las mismas obras que él realizó. Por eso Jesús mismo nos hizo la promesa: «El que en mí cree, las obras que yo hago, él las hará también; y aún mayores hará, porque yo voy al Padre»[4]; *todas* las obras, hasta la resurrección y la ascensión.

Puesto que Jesús elevó a los hijos y las hijas de Dios hasta ser sus iguales, Pablo pudo decir a los corintios: «¿No sabéis que hemos de juzgar a los ángeles?»[5]. Y eso se refiere a los ángeles caídos.

Cuando Jesucristo hubo cumplido su última encarnación en la Tierra y ascendió al trono de gracia, *entonces* fue coronado con gloria y honor sobre todos los ángeles del cielo. Y puesto que Jesús, el defensor de nuestra salvación, eligió hacernos suyos a cada uno de nosotros, cuando cumplamos los requisitos de la ascensión en nuestra última encarnación en la Tierra nosotros también ascenderemos al cielo.

## TU YO DIVINO *y el* HIJO *de* DIOS
El misterio de nuestra relación con el Hijo de Dios y los

ángeles está revelado en las tres figuras de la Gráfica de tu Yo Divino. Tú estás representado en la figura inferior, rodeado de la llama del Espíritu Santo, la llama violeta. La llama violeta es el regalo que Dios nos da para borrar nuestros errores, nuestros pecados.

La figura media de la Gráfica es la figura del Mediador. Él media entre nosotros, con nuestro estado pecaminoso o kármico, y Dios, de quien Habacuc escribió: «Muy limpio eres de ojos para ver el mal»[6]. Solo el Cristo puede ir ante el trono de Dios. Y solo él puede descender a nuestro templo y darnos consejo.

Esta Presencia Crística es tu Santo Ser Crístico. Ese es el término que utilizo para esa figura media de la Gráfica. También puede llamarse Yo Superior, Yo Real, Cuerpo Mental Superior, Hombre Interior del Corazón, Gurú Interior, Buda Interior y voz de la conciencia.

Jesucristo vino a demostrarnos qué es ese Ser Crístico y cómo ese mismo Cristo puede manifestarse para cada uno de nosotros. Esta es la relación que guardamos con el Hijo de Dios. El Hijo de Dios es el Cristo vivo. Esta palabra viene del griego *christos*, que significa 'ungido'. El Cristo es alguien que está ungido con la luz de Dios; y esto no es algo exclusivo del cristianismo. Todos los avatares que vinieron, en todas las épocas, han sido ungidos con esa luz.

Nuestra Presencia Crística individual es como la Presencia Crística de Jesús. Se representa en la Gráfica como estando por encima de nosotros, porque aún no hemos preparado nuestro templo para encarnar completamente a ese Cristo. Pero hay momentos, días y horas en nuestra vida en que, con oración, comunión y un intenso amor hacia los demás que se

vierte a través de nosotros, nos sentimos sublimemente toca-
dos por esa presencia. Esa Presencia Crística se acerca tanto a
nosotros que nos cubre y así experimentamos el cumplimiento
de la promesa de Jesús, «si me amas, amas a mi Padre y guardas nuestros mandamientos, moraremos en ti. Viviremos en
tu templo. Hablaremos a través de ti, caminaremos a través
de ti, viviremos a través de ti»[7]. Esta es la meta de nuestro
caminar con Dios en esta vida.

La figura superior de la Gráfica es la presencia de Dios
individualizada para nosotros. Dios colocó una réplica de sí
mismo en nosotros. Solo hay un Dios, pero ese Dios único te
ha amado tanto y me ha amado tanto que ha puesto la mag-
nífica presencia de sí mismo sobre nosotros y en nosotros. Es
la misma presencia que Dios reveló a Moisés como el YO SOY
EL QUE YO SOY. La llamamos la Presencia YO SOY.

¿Cuántos Dioses, cuántas Presencias YO SOY? Si todos
tenemos una, sigue habiendo solo una. En el tiempo y el espacio vemos dualidad y separación. Pero solo hay un Dios, personificado en todos y cada uno de nosotros.

Nuestra relación con la jerarquía angélica existe a tra-
vés del Hijo de Dios, no solo como Jesucristo sino como ese
Ser Crístico personificado a través de cada uno de nosotros.
Mediante ese Hijo en cuyas manos Dios ha puesto el dominio
de todos los mundos, tenemos contacto con la Presencia YO
SOY y tenemos contacto con los ángeles.

## ARCÁNGELES *de los* SIETE RAYOS

Alrededor de la figura superior de la Gráfica de tu Yo Divino
están las siete esferas del gran cuerpo causal. Estas siete esferas (mostradas en sección en la Gráfica) corresponden a los

siete rayos, a los arcángeles que prestan servicio en esos rayos y a los siete chakras principales del cuerpo humano.

Dios ha puesto estos chakras o centros espirituales en tu cuerpo para contener luz y energía. Están colocados a lo largo de la columna y funcionan en niveles sutiles. Cada uno de los arcángeles se corresponde con uno de tus siete chakras. Los arcángeles utilizan estos centros espirituales para depositar luz en tu ser.

Todos los ángeles tienen un aura enorme; y los arcángeles, que están por encima de todos los órdenes de ángeles, poseen un aura de un tamaño extraordinario. Puedes sentir fácilmente su presencia en tu mundo de los sentimientos, captando sentimientos de amor, esperanza, fe, ánimo, apoyo. Esto es así porque ellos nos ayudan usando sus auras para transmitir o transferirnos una parte de la enorme luz de Dios que tienen.

El fuego sagrado de Dios no es caliente. Es fresco excepto cuando toca la discordia o la energía mal cualificada. Cuando entras en contacto con el aura de un ángel o cuando él entra en la tuya, el ángel no te dejará igual a como te encontró. Y así, gracias a esta presencia viva y flamante, puedes sentir la alquimia de la transmutación, de la consumición de la vieja testarudez y el orgullo. Es una experiencia que nos hace humildes, profundamente humildes.

Al familiarizarte con los siete arcángeles y arcangelinas así como con los rayos en los que sirven, pronto aprenderás cómo te puede ayudar cada uno de ellos en el desarrollo de uno de tus siete chakras y las cualidades asociadas a él.

**Arcángel Miguel y Fe: ángeles de la protección**
Prestando servicio en el primer rayo está el Arcángel Miguel,

Príncipe de los Arcángeles, y la Arcangelina Fe, su complemento divino. El color de este rayo es un azul añil brillante, correspondiente al anillo más exterior del cuerpo causal y al chakra de la garganta. El azul es el color del poder, del gobierno, de la perfección y de la protección.

### Arcángel Jofiel y Cristina: ángeles de la sabiduría

El arcángel y la arcangelina del segundo rayo son Jofiel y Cristina. Este rayo corresponde a la franja amarilla del cuerpo causal, que rodea la luz blanca que está en el centro. El segundo rayo es amarillo, el color de la iluminación y la sabiduría; corresponde al chakra de la coronilla.

### Arcángel Chamuel y Caridad: ángeles del amor

Chamuel y Caridad son el arcángel y la arcangelina del tercer rayo. Este es el rayo del amor, el rayo rosa, y corresponde a la tercera franja del cuerpo causal y al chakra del corazón.

### Arcángel Gabriel y Esperanza: ángeles de la pureza

Prestando servicio en el cuarto rayo están el Arcángel Gabriel y la Arcangelina Esperanza. El color de este rayo es blanco y corresponde al chakra de la base de la columna y al núcleo central del cuerpo causal. Es el rayo de la pureza, de la ascensión y de la Madre Divina.

### Arcángel Rafael y María: ángeles de la curación

El arcángel y la arcangelina del quinto rayo son Rafael y María, la Bendita Madre de Jesucristo. María es conocida como la Reina de los Ángeles. Este rayo corresponde a la franja verde del cuerpo causal y al chakra del tercer ojo, el ojo interior en

la frente. El verde es el color de la curación, la ciencia y las matemáticas.

### Arcángel Uriel y Aurora: ángeles de la paz

En el sexto rayo están el Arcángel Uriel y la Arcangelina Aurora. Este rayo corresponde a la quinta franja del cuerpo causal, que es morada y oro moteada de rubí, y al chakra del plexo solar. Es el color de la paz, la ministración y el servicio.

### Arcángel Zadquiel y Santa Amatista: ángeles de la libertad

El arcángel y la arcangelina del séptimo rayo son Zadquiel y Santa Amatista. El séptimo rayo es el rayo violeta, el rayo que emite la llama violeta. Este rayo corresponde al chakra de la sede del alma, situado entre el chakra de la base y el plexo solar. El violeta es el color de la libertad, la transmutación, el perdón y la alquimia.

## SUSTENTO ESPIRITUAL

Cuando hagas oraciones o mantras que te gustan o cuando hagas ejercicio o yoga, los ángeles pueden cuidar de tus chakras, reponerlos y aumentar la luz en tu templo. La luz que llevas da energía a tu forma y te da la capacidad de resistir enfermedades y dolencias. La luz que llevas te da la energía para realizar tu misión y tu plan divino, por tanto, protege la luz en todos tus chakras.

Hay muchas formas de desperdiciar la luz. Una forma en que la luz abandona a las personas es cuando estas ponen su atención en muchas cosas del mundo olvidándose de ponerla en Dios unos momentos, aunque solo sea quince minutos al día.

Cuando pones tu atención en Dios abres un camino a través del tercer ojo, a través del corazón, a través de tu devoción, a través de la vista interior. Realmente abres una avenida hacia el cielo. Cuando envías devoción por esa avenida, Dios recibe tu devoción, la multiplica y te la devuelve como sustento espiritual para tu cuerpo y alma.

## LLEGAR *a* CONOCER *a los* ÁNGELES

Cuando estás familiarizado con los ángeles y sus varios cargos y confías en ellos como tus guardianes y guías, te puedes sentir completamente cómodo hablando con ellos en cualquier momento, en cualquier sitio. Te puedes sentir cómodo caminando con los ángeles, llamándolos, dándoles tareas, pidiendo su ayuda en asuntos personales difíciles y en asuntos de interés global. Puedes pedir a los ángeles que asuman el control sobre cosas como los problemas del medio ambiente y todas las situaciones que hay tan deplorables y desoladoras por todo el mundo.

¿Cuántos de nosotros nos sentimos impotentes antes tales circunstancias en el mundo, como si no pudiéramos hacer nada por ellas? Probablemente todo el mundo en la Tierra se vea afectado en algún momento por esa sensación de impotencia, y puede ser enormemente frustrante. No podemos controlar las calamidades en la Tierra, en nuestros alrededores y, a veces, ni en nuestra propia cocina. Por eso necesitamos a los ángeles. Por eso Dios creó a los ángeles.

## APRENDER *de los* ÁNGELES *en* SUS RETIROS ETÉRICOS

Los ángeles tienen retiros en el mundo celestial, como los tienen los Elohim y otros seres de luz. Los retiros se encuentran bien por encima de las poluciones de la Tierra, en un nivel llamado plano etérico. Estos retiros etéricos son más antiguos que la Tierra y son centros en los que se emite una luz enorme. Por eso muchas personas viajan a lugares especiales de la Tierra, porque sienten y pueden acceder a las vibraciones de los seres de luz que hacen su morada allí.

Los retiros de los arcángeles están abiertos para las almas de mérito y tu alma puede viajar allí mientras duermes. Justo antes de acostarte por la noche, reza al Arcángel Miguel y sus legiones de ángeles para que te acompañen a los reinos de luz y puedas asistir a las clases de estas universidades del Espíritu.

Puede que no recuerdes lo que estudiaste en uno de los retiros de los arcángeles, pero tu alma lo sabe. Poco a poco, la información va destilándose en tu percepción mental. Algunas veces dirás: «Tengo una idea», y será un recuerdo de algo que has aprendido en esas escuelas interiores.

## MIS PRIMEROS ENCUENTROS *con los* ÁNGELES

A los dieciocho años pasé por un momento decisivo en mi vida. Me marchaba de casa para ir a la universidad, estaba a punto de empezar a hacerme camino en el mundo. Buscaba mi sendero.

Me había tomado muy en serio la búsqueda de Dios y a cada momento que podía tomaba mi Biblia, me iba a mi dormitorio y reflexionaba sobre las palabras de Jesús. Al leer esas palabras y comulgar con mi Señor, él me decía en el corazón: «No todo lo que enseñé se encuentra ahí». Cuando escuchaba a los ministros predicar los domingos, Jesús me decía en el corazón: «No todo lo que enseñé se encuentra ahí». De niña encontré la Iglesia de la Ciencia Cristiana y esta me enseñó más de Dios, de mí misma y de Jesús de lo que pude aprender en cualquier otra parte. También sentía una gran afinidad con la fe católica. Me encantaban las estatuas, me encantaba encender las velas y solía tirar de mi madre al interior de las Iglesias católicas, pidiéndole que me dejara encender una vela y arrodillarme ante la Santa Madre. Cuando iba a alguna iglesia siempre salía llena de la luz de Dios, pero no siempre era capaz de explicarme el significado de esa luz.

Un soleado domingo por la mañana salí a las escaleras delanteras de la Iglesia de la Ciencia Cristiana de mi ciudad, Red Bank, en Nueva Jersey. Estando de pie ahí, bajo el hermoso sol, me encontré cara a cara con un ángel. Fue el momento más formidable de mi vida. Jamás había experimentado algo así.

Me quedé desconcertada, porque no me esperaba ver a un ángel ante mí, mucho menos a un arcángel. Era el Arcángel Gabriel. Lo supe igual que conocía mi propia alma. Me permitió que lo viera vivificando mi vista interior. Sentí su poderosa presencia y sentí cómo mi mente se enfocaba en la mente de Dios mediante su intercesión. Me hizo sentir que esto era algo completamente natural.

Estaba teniendo una conversación con él y al mismo tiempo estaba unida a Dios. Era como si él me estuviera transmitiendo un mensaje de Dios de manera «esférica», es la única forma en que puedo describirlo. Era una esfera de omnisapiencia, de autoconocimiento fundido con mi sensación de autopercepción en Dios.

Al mirar atrás, me doy cuenta de que esto fue posible gracias a los anillos sobre anillos del aura del Arcángel Gabriel. Parece que sirvieron de antena, transfiriendo una comunicación desde un plano muy alto hasta mi nivel. En el instante que necesité para recibir el conocimiento superior que Gabriel transmitía, me oí a mí misma decir en voz alta: «¡Pero si tengo que ascender en esta vida!».

Me quedé sorprendida por las palabras que salieron de mi boca. Nadie me había enseñado que tenía que ascender en esta vida. Siempre me habían enseñado que solo Jesús ascendió. Pero verdaderamente es algo para todos. Y por un segundo supe que había experimentado la mente omnisapiente de Dios de la que mis profesores de la escuela dominical habían hablado.

El intercambio no pudo durar más de sesenta segundos. Pero estaba suspendida en otra parte. Había vislumbrado el cielo y al Arcángel Gabriel. Ese vislumbre me impulsaría durante toda una vida hasta que mi cáliz y mi misión estuvieran llenos.

Al mirar atrás me sorprende que aunque yo formaba parte del cristianismo ortodoxo, pude aceptar una transferencia de pensamiento desde la mente de un arcángel que me decía precisamente por qué yo estaba aquí y qué debía lograr. Lo supe entonces y lo sé ahora, la ascensión es la meta no solo de mi vida sino también de la tuya.

## LA ASCENSIÓN, *la* META *de la* VIDA

Entonces supe que tenía que contarle este mensaje a todo el mundo, a cualquiera que quisiera escuchar. Vi que en todo el mundo había gente preparada para ese mensaje, esa aceleración, que podía graduarse de la escuela de la Tierra en esta vida, pero que necesitaba el resto de las enseñanzas de Jesús que se habían perdido o que habían sido apartadas deliberadamente de la Biblia. No solo los arcángeles nos enseñan cómo lograr la meta de la ascensión; los maestros ascendidos también enseñan cómo alcanzar esa meta.

Los maestros ascendidos son gente como tú o como yo, pero han hecho dos cosas que nosotros aún debemos lograr: se han convertido en maestros de sí mismos —su mente, sus emociones, su vida— y han saldado al menos el 51 por ciento de su karma. Consecuentemente, han acelerado hacia dimensiones superiores de luz. Han pasado por el ritual de la ascensión, por lo cual son llamados maestros «ascendidos».

La Tierra es una escuela y nosotros debemos ir avanzando y graduarnos. Otra escuela espera. De esta a aquella pasamos mediante la ascensión, un proceso que en sí mismo consiste de unos pasos que debemos seguir.

Muchos años después de mi experiencia con el Arcángel Gabriel, aproveché la oportunidad para preguntar a mi instructor de Ciencia Cristiana sobre la ascensión. Para mi asombro, lo explicó quitándole importancia como algo que ocurre automáticamente al final de una vida vivida en Dios. Pero yo sabía que la ascensión no sucede así como así. La tenemos que definir como una meta y debemos entender cómo llegar a ella. No se produce «simplemente por ser una buena persona», como él me aseguró.

Hay requisitos e iniciaciones. El alma debe pasar por la prueba de fuego y luego está el desafío del karma que dura toda una vida. Si se lo pides, Gabriel te comunicará a través de la mente o el corazón, a través de cierto impulso interior, que esta es la meta de tu vida.

Mi encuentro con el Arcángel Gabriel me puso en un implacable rumbo hacia el conocimiento de Dios cara a cara.

Así de cerca había llegado a estar de Gabriel. Moisés había comulgado con Dios en la montaña. Jesucristo, Zoroastro, Krishna, el Buda Gautama, Confucio y muchos de sus discípulos habían comulgado con Dios. Sabía que todo el mundo tenía derecho a hablar con su Dios personalmente, cara a cara, y tenía un deseo ardiente en mi corazón de contarle a todo el mundo esa misma historia.

No importa qué hayas hecho, quién hayas sido, qué pecados hayas cometido. Dios tomará todo eso y hará que la llama del Espíritu Santo pase por ello. No aceptes la etiqueta ni la condenación de que eres un desgraciado pecador y que nunca podrás superar ese estado de pecaminosidad. Hoy eres el amado de Dios.

Podrás haber pecado, pero no eres un pecador. Eres un niño de Dios, un hijo o una hija de Dios. En ti habita tu Yo Superior, ese Atman viviente, ese Cristo interior, ese Buda interior. Es la luz interior; y esa es tu verdadera identidad.

Estás hecho de «material Divino» y ese espíritu del Dios vivo está sobre ti, en ti y se focaliza a través de tus chakras. Los ángeles están aquí para hablarte de ello, para vivificarte, para acelerar la luz que ya tienes y para darte más.

## «UNA MULTITUD *de* HUESTES CELESTIALES»

Ese encuentro con el Arcángel Gabriel no fue la primera experiencia que tuve con los ángeles. Anteriormente, ese mismo año, estaba practicando esquí acuático por el río Navesink un bonito día, saliendo hacia el mar. De repente me di cuenta de que había entrado en otra dimensión. En medio del cielo azul y las esponjosas nubes vi no miles, sino millones de ángeles, «una multitud de huestes celestiales».

Vi que eran mis amigos, hermanos y hermanas, compañeros espirituales de muchos siglos regocijándose conmigo porque en esta era todos nuestros grupos tendrían la oportunidad de lograr la unión con Dios. Sabía que no estaba sola en mi búsqueda. Conocía a estas cohortes de luz desde siempre y venían a acompañarme, vitorcándomc.

En esa experiencia en el río supe que estaba llamada y que mi Señor me daría a conocer los detalles de mi vocación en esta vida. Y supe que jamás estaría sola, porque los ángeles siempre estarían conmigo.

## MI VOCACIÓN

En 1961 Dios me llamó a ser mensajera de los arcángeles y los maestros ascendidos.

Conocí a Mark Prophet en 1961, cuando yo estudiaba en la Universidad de Boston. Vino a dar una conferencia y vi una presencia angélica sobre él. Esa noche, como mensajero, dio un dictado del Arcángel Miguel.

Era la primera vez que escuchaba a un ser humano como instrumento de la Palabra, la presencia y la vibración de un arcángel. Fue un momento extraordinario en mi vida. Pude sentir cómo todos los átomos de mi ser eran repolarizados hacia Dios. Pude sentir la entrada de luz en mis chakras. No había dudas sobre el testimonio de la presencia de un arcángel, porque ¿cómo se podía sentir un poder de Dios tan enorme excepto ante su presencia?

Mark Prophet se convirtió en mi esposo, mi instructor, mi amigo más querido. Estuve con él doce años y entonces se marchó de esta octava.

A través de Mark Prophet como su mensajero, los maestros

ascendidos me prepararon y me ungieron para dar la palabra de Dios en dictados según la tradición de los profetas hebreos. Mark, que había recibido su entrenamiento diez años antes que yo, era mi tutor «en la carne». Me ejercitó día tras día durante tres años con los rigores de la disciplina de los maestros ascendidos. Considero esta instrucción tan personal bajo los maestros y Mark como la mayor bendición que he conocido nunca. Sin ello no habría estado preparada para lidiar con los desafíos que he afrontado a lo largo de mi misión.

Muchas personas me preguntan en qué consistía mi entrenamiento. Siempre piensan que fui preparada para tomar dictados, pero en realidad no hay ningún entrenamiento para recibir dictados de Dios a través del Espíritu Santo.

Entonces, ¿cuál fue mi preparación? Fui entrenada con la obra de Tomás de Kempis, *Imitación de Cristo*. Fui entrenada para someter el orgullo y todos los demás vicios de los que somos herederos. Fui entrenada para dar la palabra de consuelo, hablar a la gente sin menospreciarla, no pronunciar nada que arrancara de un alma viva su sensación de la presencia de Dios. Me enseñaron la disciplina de las emociones y la mente. Leí ciertos libros.

Pero aquello que finalmente llegó a mi corazón como la condición en la que podía confiarse en mí para llevar el manto de mensajera y tomar dictados fue el conjuntar un sendero espiritual de amor y disciplina. Es un sendero de comprensión de la diferencia entre orgullo y humildad, audacia en el Señor y absoluta ternura hacia todo cuanto tiene vida. La preparación en este sendero continúa toda una vida.

Mark y yo hemos tomado cientos de dictados de los arcángeles y los citaré aquí.

# COMULGAR con los ARCÁNGELES

## DESARROLLAR UN OÍDO ATENTO

¿Cómo puedes estar más sintonizado con los ángeles y con su presencia que te acompaña? ¿Cómo puedes fomentar el contacto con los ángeles?

Uno de los pasos más importantes que puedes dar es desarrollar un oído atento. Apaga el televisor. Apaga el ruido. Mantén la mente abierta, sin las saturaciones de información que llegan desde fuera.

Ponte una hora del día, cuando tu casa esté en silencio, aunque simplemente sea antes de acostarte. Pon tu conciencia en tu oído interior y escucha a Dios. Y como preparación para escucharle, haz oraciones que te gusten. Reza a Dios y a sus ángeles.

## LA PALABRA HABLADA

A lo largo de la historia y en épocas de las que no tenemos constancia en absoluto (la antigua Atlántida, la antigua Lemuria, pasadas eras de oro sobre la Tierra que no son nada más que un vago recuerdo en el inconsciente), los medios tradicionales de entrar en contacto con Dios y sus emisarios, como los siete arcángeles, han sido mediante canciones, cánticos, decretos, oraciones, mantras, la entonación del Om y la Palabra de Dios.

Todas las religiones tienen la oración y la comunión con Dios. Cuando comulgas y meditas en tus chakras, abriendo esos canales, te llenas de la luz de la Presencia YO SOY.

Al cantar o rezar a los arcángeles, les hablas. Ellos te oyen y contestan con la corriente de tu devoción como retorno. Al darles amor y gratitud por su servicio hacia ti y este mundo, abres un canal de contacto. Eso es lo que significa amar a Dios y sus ángeles, abrir tu corazón al cielo para que la corriente de regreso pueda traer la respuesta a tu llamada y bendiciones sin límites.

Me han enseñado que cuando ofreces una invocación o una oración a los siete arcángeles, no solo tienen importancia las palabras sino que hay una manera procedente de dirigirse a tales seres celestiales. La siguiente oración es un ejemplo. Para comenzar a comulgar con los siete arcángeles, puedes hacer esta oración o componer la tuya propia.

## Oración a los siete arcángeles

Oh amados siete arcángeles y arcangelinas, os llamo en este momento para la vivificación de mi corazón, la vivificación de mis chakras, la vivificación de la luz de Dios dentro de mí. Venid a estar conmigo, pues deseo conoceros y a través de vosotros, conocer al Dios Padre-Madre. Vierto mi gratitud porque me protegéis, porque me enseñáis, porque me consoláis y sanáis, porque me ayudáis a pasar cada prueba y llegar a cada victoria, a través de los problemas y las alegrías de mi vida.

Oh Dios, vengo ante ti en este momento con oraciones por seres queridos y los que sufren por toda la Tierra. Ofrezco ahora estas oraciones y sé que tú oyes y respondes instantáneamente según se produce este llamado.

Es fácil componer tus oraciones personales. Simplemente habla con los arcángeles sobre lo que te preocupa, tus problemas, tus esperanzas y aspiraciones. Pídeles ayuda en asuntos específicos para ti, tus seres queridos y amigos, y la ciudad y país donde vives.

Luego escucha y espera respuestas y bendiciones.

# Cómo *te* protegen *los* ángeles *a* ti *y a las* personas que amas

2

# ARCÁNGEL MIGUEL y FE

*E*l amor de Dios por nosotros es tan tierno y está tan presente que nos lo da a conocer de un modo muy personal a través de sus ángeles. El Arcángel Miguel, que sale del corazón de Dios para ministrar a nuestras almas, es conocido como el gran intercesor y es el Príncipe del Ejército del SEÑOR. El Arcángel Miguel es un ángel muy especial para nosotros. Durante miles y miles de años, Miguel, junto con sus legiones de luz, se ha dedicado a la seguridad y el perfeccionamiento de nuestra alma, a protegernos, a cuidar de nosotros, a patrocinarnos, a reprendernos, enseñándonos el camino de la santa voluntad de Dios y ayudándonos a comprender que cada uno de nosotros tiene un arquetipo en la vida, un plan divino.

El Arcángel Miguel presta servicio con la Arcangelina Fe, su complemento divino, y sus legiones de ángeles de relámpago azul en el primer rayo, el rayo de la voluntad de Dios. Si saturas tu mente de un azul brillante, el color de este rayo, ello será un imán que atraerá hacia ti a estos ángeles.

Dependemos del rayo azul para recibir el otorgamiento de

poder de Dios y su protección. Este rayo también corresponde al gobierno, a las economías de las naciones y al liderazgo, una cualidad importante a desarrollar por todo el mundo. Sigue al Arcángel Miguel para desarrollar un impulso hacia un propósito y un sentido de dirección. La gente percibirá que sabes a dónde te diriges. El chakra del primer rayo es el chakra de la garganta. Hace falta el poder de la Palabra* hablada para unir fuerzas y liderar.

Miguel y Fe junto con sus legiones tienen su retiro en el mundo celestial sobre Banff y el lago Louise, en las hermosas Montañas Rocosas canadienses.

Puedes atraer hacia ti la presencia del Arcángel Miguel poniendo su nota clave, «Eternal Father, Strong to Save», también llamado «Himno de la Marina». La nota clave del retiro del Arcángel Miguel es el «Coro de los soldados», de *Fausto*, de Charles Gounod.

## EL ARCÁNGEL MIGUEL *en las* RELIGIONES *del* MUNDO

El nombre Miguel significa 'Quién como Dios'. Algunos dicen que su nombre es una interrogación y que fue el grito de batalla de los ángeles que lucharon contra el altivo Lucifer: «¿Quién como Dios?».

El Arcángel Miguel ha figurado en las escrituras y la tradición del judaísmo, el cristianismo y el islamismo como el más grande y más reverenciado de los ángeles. En el folclore musulmán, donde lo llaman Mika'il, es el ángel de la naturaleza, proporcionando al hombre tanto alimento como conocimiento. En el zoroastrismo se ha hecho un paralelo entre Miguel y Vohu

---

*Palabra *con P mayúscula significa la fuerza dinámica y creadora del universo, que libera el potencial de Dios desde el Espíritu hacia la materia. «En el principio era la Palabra».*

Manah, uno de los Amesha Spentas, seres cósmicos cuya función se corresponde con la de los arcángeles.

En Éxodo 3:2 está la primera aparición de Miguel en la tradición occidental. Es el «ángel del Señor» que se apareció a Moisés en una llama de fuego en una zarza ardiente, que no se consumía. Éxodo dice primero que el ángel del Señor se apareció a Moisés, luego dice que el Señor Dios mismo le habló. Fue el Arcángel Miguel, la personificación del Señor Dios, quien llamó a Moisés. En este pasaje Dios nos revela quiénes somos. Somos la zarza que Dios hizo, donde él ha puesto un fuego, el fuego onmiconsumidor de Dios. La Presencia YO SOY vive sobre nosotros y en nosotros. Su poder no nos consume, pues Dios templa su presencia según nuestro nivel de identidad. El fuego que ha encerrado cuidadosamente en el altar de nuestro corazón es una chispa divina, nuestra dotación original desde el principio. Es una llama trina de amor, sabiduría y poder. Debido a que tienes esa chispa divina, ese don de vida inmortal, puedes alcanzar la unión con Dios. Eso es la clave de tu inmortalidad.

## DIOS TE ENVÍA *a una* MISIÓN CADA DÍA

Moisés preguntó a Dios: «He aquí que llego yo a los hijos de Israel, y les digo: El Dios de vuestros padres me ha enviado a vosotros. Si ellos me preguntaren: ¿Cuál es su nombre?, ¿qué les responderé?».

Dios dijo: «Diles que YO SOY te ha enviado a ellos. Mi nombre es YO SOY EL QUE SOY»[1].

Piensa en ti como el emisario de Dios en tu pueblo, ciudad y hogar. ¿Quién te envía? Tu Poderosa Presencia YO SOY, la Presencia viva de Dios, quien camina y habla contigo. Dios te envía a una misión cada día para que entregues su luz a su pueblo. Te enseña la ciencia de la oración, el arte de la Palabra hablada. Te enseña a reunir la luz en los chakras para que cuando te encuentres con quienes sufren y están empobrecidos, quienes no tienen luz en sus centros espirituales, tus recipientes estén llenos y puedas volcar tus propias jarras en sus cálices. Para esto estás llamado a prepararte cada día.

¿Dónde estaríamos hoy si Moisés no hubiera respondido a la llamada del Señor de sacar a su pueblo de Egipto? La mitad del milagro es que Dios, personificado en el Arcángel Miguel, se apareciera a Moisés. La otra mitad es que Moisés respondiera y aceptara su llamado en el Señor.

## TU VOCACIÓN TE ESPERA

¿Cómo responderás cuando el ángel del Señor se te aparezca?

Es hora de mirar el reloj de arena y decir: «¿Qué voy a hacer con el resto de mi vida? ¿Cómo llenaré los momentos que me quedan de tiempo y espacio?».

¿Cuánta gente conoce con absoluta certeza su vocación de Dios en esta vida? Yo no puedo decir que la conozca con total certeza, pero conozco mi destino. Sé lo que tengo que hacer. Y día a día espero que el Señor me guíe ese día, esa semana, ese mes, ese año, para tener la seguridad de estar en el sitio adecuado en el momento correcto.

Dios nos puede llamar, pero qué lástima si nosotros no respondemos, y decimos: «Me interesan otras cosas, tengo otras cosas que hacer. Aún no he llegado a una resolución psicológica. No puedo ir ahora, Señor, pero lo haré la semana que viene o quizá el año que viene».

Ya has vivido antes muchas vidas. Aunque no creas del todo en la reencarnación, puede que algo te haya resultado familiar, que hayas tenido la sensación del *déjà vu*. Hemos vivido antes y hemos regresado. Y esta vez no tenemos un minuto que perder, porque buscamos la salvación final. El significado interno de la palabra *salvación* es 'autoelevación'. Debemos procurar nuestra propia salvación. Dios ha establecido a su Hijo, a sus ángeles, sus enseñanzas y este maravilloso mundo donde podamos estudiar la vida de los santos y los grandes adeptos de Oriente y Occidente. Tenemos la opción de no hacer nada, de hacer algo, ¡de hacerlo todo! Podemos decir:

*¡Hoy YO SOY engendrado por el Señor! Hoy es el día que el Señor ha hecho para mí y lo tomaré, lo aprovecharé al máximo. Este es el primer día del resto de mi vida. Voy a tener una intensa pasión por Dios a cada minuto y no voy a volver a hundirme en el abatimiento por algo que tenga mal en mi cuerpo o en mi alma. Mi Dios está conmigo, los ángeles están conmigo y Dios me ha puesto aquí con un fin. ¡Puedo conquistar y conquistaré todas las adversidades!*

Hay tanto que hacer y el Arcángel Miguel nos ayudará y multiplicará cada uno de nuestros esfuerzos diez mil veces diez mil. No seamos uno de esos a quienes los ángeles no se aparecen porque ya saben que tendremos una excusa. Cuando no traen su mensaje es para que no incurramos en karma al rechazarlo.

¿Nos han pasado los ángeles de largo por la dureza de nuestro corazón, porque hemos dicho a Dios: «Ya hago lo suficiente; no me pidas que haga nada más»? ¿Y si una cosa más salvara una vida, salvara un alma, te catapultara fuera de una vida que no es productiva, que no te llena y te atrapara en una misión que hiciera que te regocijaras cada día?

## EL ARCÁNGEL MIGUEL *en la* TRADICIÓN JUDÍA

La tradición mística judía identifica al Arcángel Miguel con el ángel que peleó con Jacob, guio a Israel por el desierto, destruyó los ejércitos de Senaquerib y salvó a los tres muchachos hebreos en el horno de fuego ardiendo.

El Libro de Daniel describe a Miguel de maravilla:

> *En aquel tiempo se levantará Miguel, el gran príncipe que está de parte de los hijos de tu pueblo; y será tiempo de angustia, cual nunca fue desde que hubo gente hasta entonces; pero en aquel tiempo será libertado tu pueblo, todos los que se hallen escritos en el libro.*
>
> *Y muchos de los que duermen en el polvo de la tierra serán despertados.*[2]

Cuando Daniel dice «en aquel tiempo», creo que se refiere a una época como la actual. La gente está despertando, ¿pero qué dice él de eso? Algunos despertarán «para vida eterna, y otros para vergüenza y confusión perpetua». Se despiertan hacia sus viejos impulsos acumulados, los resultados de las elecciones libres que han formado su personalidad y su identidad: o bien unidos a Dios o bien opuestos a Dios.

Daniel continúa: «Los entendidos resplandecerán como el resplandor del firmamento». Todos los verán porque sus auras serán depósitos de la luz de los arcángeles, la luz de Dios, que es la luz del YO SOY EL QUE YO SOY. Esta luz no puede ocultarse. Cuando esta luz vive en alguien es como un gigantesco fuego ardiendo.

«Y los que enseñan la justicia a la multitud, como las estrellas a perpetua eternidad»[3]. Ellos devolverán a muchos al *uso correcto* de las leyes de Dios, la luz de Dios, el nombre de Dios y el Cristo vivo, que es el intercesor. Tu estrella es la estrella de tu cuerpo causal, las esferas entrecruzadas de luz que rodean la Presencia YO SOY. Pablo escribió que una estrella es diferente de otra en gloria.[4] Cada uno de nosotros tiene un cuerpo causal que es único según las buenas obras realizadas durante nuestra vida en la Tierra. Esta profecía que encontramos en Daniel nos dice que en esta «época difícil» *necesitamos a Dios*. No podemos salir adelante sin él. Podemos acceder a Dios mediante sus arcángeles, a quienes él envía para que estén muy cerca de nosotros y sepamos que él se interesa y que nos liberará de cualquier oscuridad.

## EL PRÍNCIPE *del* EJÉRCITO *del* SEÑOR

Miguel es el ángel que se apareció a Josué cuando este se preparaba para guiar a los israelitas en la batalla de Jericó. En esta escena, el poderoso arcángel del SEÑOR está ante el pueblo.

> *Estando Josué cerca de Jericó, alzó sus ojos y vio un varón\* que estaba delante de él, el cual tenía una espada desenvainada en su mano. Y Josué, yendo hacia él, le dijo: ¿Eres de los nuestros, o de nuestros enemigos?*
>
> *El respondió: No; mas como Príncipe del ejército del SEÑOR he venido ahora. Entonces Josué, postrándose sobre su rostro en tierra, le adoró.*

Josué conoció y sintió la Presencia de Dios en la presencia del arcángel. ¡Si tú vieras a un arcángel del Señor ante ti, también te postrarías sobre tu rostro! Josué le dijo:

*¿Qué dice mi Señor a su siervo?*

*Y el Príncipe del ejército del SEÑOR respondió a Josué: Quita*

---

\**Los ángeles con frecuencia son denominados «varones» en la Biblia.*

*el calzado de tus pies, porque el lugar donde estás es santo.*
*Y Josué así lo hizo.*[5]

Debido a que los arcángeles personifican la Presencia de Dios, la primera exigencia que hacen es: «Quítate los zapatos. Quítate el yugo de tu karma, quítate tu conciencia humana momentáneamente y comulga con Dios en la realidad Divina que hay en ti. Estás ante la presencia de Dios. Puedes ser transformado por esa presencia». Josué obedeció y los israelitas ganaron la batalla.

## MIGUEL *en el* LIBRO *del* APOCALIPSIS

En Apocalipsis 12 se cuenta la función de Miguel como defensor de la Mujer vestida del Sol y su Divino Varón. La Mujer vestida del Sol es la figura de María, la Madre de Jesús, a quien Dios seleccionó para dar a luz al Divino Varón. La Mujer vestida del Sol también representa el principio femenino en todos nosotros, nuestra alma, el potencial femenino del ser tanto en hombres como en mujeres. El Divino Varón es el Cristo Universal, el Hijo de Dios, la identidad real del Cristo vivo en Jesús y en cada uno de nosotros.

El Arcángel Miguel vino a defender a la Madre Divina y a su Divino Varón. Echó de las cortes del cielo a la tierra al adversario de ella y a todas sus legiones.

El Apocalipsis dice: «Después hubo una gran batalla en el cielo»; es decir, en el mundo celestial, que denominamos la octava etérica.

*Miguel y sus ángeles luchaban contra el dragón; y luchaban*
*el dragón y sus ángeles; pero no prevalecieron, ni se halló ya*
*lugar para ellos en el cielo.*

*Y fue lanzado fuera el gran dragón, la serpiente antigua,
que se llama diablo y Satanás, el cual engaña al mundo
entero; fue arrojado a la tierra, y sus ángeles fueron arrojados con él.*[6]

Esto nos dice algo muy importante: los ángeles caídos fueron consignados a la tierra en cuerpos humanos como conse-
cuencia de su intento de profanar a la Madre Divina y al Niño
Cristo. Los padres de la Iglesia han argumentado con vehe-
mencia contra esta interpretación del Apocalipsis. Pero yo te
digo que así es. Estos ángeles caídos fueron arrojados literalmente a cuerpos físicos, en los cuales tendrían que solucionar
su karma y a través de los cuales tendrían que evolucionar.
El Niño Cristo es la identidad real de cada persona en la
Tierra. Dios envió al Unigénito como el Divino Varón y nos
dio a cada uno de nosotros esa presencia personal del Cristo.
Solo hay un Cristo, uno Hijo de Dios. Cada uno de nosotros
recibe esa Presencia Crística para que podamos comulgar personalmente con nuestro Señor.

## LA GRAN REBELIÓN *y los* ÁNGELES CAÍDOS
Lucifer era un arcángel cuando fue expulsado del cielo. En la
Gran Rebelión provocó la caída de muchos otros ángeles que
le servían. El Apocalipsis dice que «su cola arrastraba la tercera
parte de las estrellas del cielo, y las arrojó sobre la tierra»[7]. Por
su orgullo y ambición, un tercio de los ángeles cayó del estado
de gracia celestial y le siguió. Muchos de esos ángeles tuvieron
que encarnar en la Tierra para solventar su karma.

¿Cuál fue exactamente el pecado de Lucifer? Cometió el
primer acto de idolatría hacia sí mismo. Cayó por orgullo,

ambición y desafío a las leyes de Dios. Habló con Dios, y dijo: «Puedo dirigir este universo mejor que tú y, desde luego, mejor que tu Hijo. Ocupo un lugar más alto en el orden jerárquico que tu Hijo y no me inclinaré ante él. No le reconoceré y no le serviré». Y todos los ángeles que le siguieron en esa oleada de orgullo dijeron lo mismo.

San Francisco de Sales reconoció el poder del Arcángel Miguel para derrotar a los ángeles rebeldes y el espíritu de orgullo que han intentado sembrar en el corazón de los hijos de Dios. «La veneración a San Miguel —escribió— es el mejor remedio contra el desprecio a los derechos de Dios, contra la insubordinación, el escepticismo y la infidelidad»[8]. Miguel nos da fe para obedecer los mandamientos de Dios, para fortalecer nuestra fuerza de voluntad y acceder a la fortaleza de Dios para que podamos continuar con constancia por el camino derecho.

## LA GUERRA *en* LA TIERRA

Desde que Miguel expulsara a los ángeles rebeldes del cielo, ha habido una guerra en la Tierra. Las escrituras dicen: «¡Ay de los moradores de la tierra y del mar! porque el diablo ha descendido a vosotros con gran ira, sabiendo que tiene poco tiempo»[9].

Esta guerra tiene lugar hoy día. Mira a nuestros niños y jóvenes, algunos se vuelven adictos a las drogas o empiezan a tener relaciones sexuales desde muy jóvenes. Estos comportamientos los hacen propensos a enfermedades devastadoras. Mira lo que le pasa a su cuerpo, alma y mente. Esta es la guerra que se libra en las calles de nuestras ciudades.

Tenemos un gran reto en nuestras manos. ¿Quién de nosotros podría tan siquiera plantearse el poder afrontar este desafío? Nosotros mismos no podemos, pero con Dios y sus ángeles sí podemos. Y si aprendemos a hablar con los ángeles, a llamarlos a la acción, veremos cómo millones de ángeles pueden darle la vuelta a la situación.

Dios dio cierto tiempo a los ángeles caídos para que se arrepintieran de su pecado. Pero ellos continúan con sus actividades diabólicas. En la introducción de mi libro *Ángeles caídos y los orígenes del mal (Fallen Angels and the Origins of Evil)*, cuento la historia del porqué los padres de la Iglesia suprimieron la enseñanza de Enoc que decía que los ángeles caídos podían encarnar en cuerpos humanos. Mi libro contiene el texto completo del Libro de Enoc, que describe los actos de los ángeles caídos.

El Libro de Enoc es un eslabón perdido en el conocimiento que tenemos de nuestras propias escrituras. Todo lo que sabemos de Enoc por la Biblia es que era «el séptimo desde Adán». Pero Enoc es una presencia principal en nuestra vida, un ser santo de verdad, un santo del cielo, y es nuestro padre. Podemos llamarle como a uno de los padres terrenales que han sido nuestros progenitores. Él lo sabe todo sobre los ángeles rebeldes y los orígenes del mal.

Muchas son las almas en la Tierra que van por el camino del mínimo común denominador de lo que ven en televisión, en las películas y en la sociedad. Si hemos de salvar a estas almas maravillosas, que no tienen líderes ni instructores y que no saben qué camino tomar, debemos adoptar su causa y ayudar en su protección contra los caídos mediante la oración.

La experiencia de ser expulsados del cielo a la tierra no volvió a los ángeles caídos más humildes. Jamás perdieron su orgullo. Y jamás aceptarán tu victoria. *Hay una guerra en curso; por tanto, necesitas al Arcángel Miguel todos los días.*

Debes saber que puedes llamar al Arcángel Miguel en

cualquier momento. Al hacer todos los días los decretos que él nos ha dado, te sintonizarás exactamente con su presencia.

Solo con pronunciar su nombre y prestarle devoción, podrás sentir la instantánea presencia de este poderoso arcángel manifestarse a tu lado. Porque él siempre está listo para ayudarte y para enviar sus legiones en tu ayuda.

Necesitamos a los arcángeles. Sin ellos no tenemos ninguna oportunidad ante los ángeles caídos que hay en medio de nosotros. El Arcángel Miguel es nuestro defensor. Él y sus legiones son como policías cósmicos. De hecho, en 1950 el Papa Pío XII lo designó patrón de los agentes de policía. Miguel es el Príncipe de los Arcángeles. Todas las huestes angélicas que nos sirven están bajo su mando. «Hay días... en que por uno solo de vosotros, yo y mis legiones podemos matar a diez mil demonios para defenderos»[10], nos dijo.

¡Qué intercesión tan enorme tenemos! Yo sé que el Arcángel Miguel y sus ángeles me han salvado a mí y a mi familia, evitando que sufriéramos gran daño, docenas de veces, quizá más. Estoy segura de que lo mismo es cierto en tu caso.

## LO QUE HE EXPERIMENTADO *al* LLAMAR *a los* ARCÁNGELES

Durante mi período de aprendizaje con Mark Prophet hace muchos años en la ciudad de Washington, un día me sentí repentinamente en las garras de los ángeles caídos. Estaba en un aparcamiento. Salí de mi automóvil y me llené de valor. Me dije: «O ellos o yo. Allá voy». Conocía la oración «Presencia YO SOY, Tú eres Maestro». Miré al cielo azul y con todo el poder que pude reunir, hice este llamado de un grito. Lo repetí tres veces para estar segura.

## Presencia YO SOY, Tú eres Maestro

Presencia YO SOY, Tú eres Maestro,
¡Presencia YO SOY, despeja el camino!
¡Haz que tu Luz y todo tu Poder
tomen posesión aquí ahora!
¡Infunde maestría de la Victoria,
destella relámpago azul, destella tu sustancia!
¡A ésta tu forma desciende,
para que la Perfección y su Gloria
resplandezcan y la Tierra trascienda!

Para mi asombro, realmente *sentí* cómo los demonios huían de mí e instantáneamente sentí la presencia del Arcángel Miguel sobre mí. De no haber tomado esa decisión, podría haberme permitido someterme a la influencia de esos ángeles caídos, moverme entre ellos e ir por su camino.

En cada día de nuestra vida hay instantes en los que tomamos decisiones. ¿Transigiremos con ese poquito de chismorreo? ¿Transigiremos con esas críticas hacia otra persona? ¿Transigiremos con ese orgullo? Cuando tomamos una decisión en ese sentido, en ese momento ya no nos alineamos con Dios y su presencia viva en nosotros. Nos alineamos con las fuerzas que han venido a derrotarnos muy sutilmente.

Siempre que vivamos en la carne, estaremos sujetos a la tentación. Dios tiene derecho a ponernos a prueba y a probar de qué estamos hechos. Si hemos pasado mil pruebas, él nos pondrá a prueba una vez más. Si pensamos o decimos a otra persona: «He dejado eso atrás para siempre», un demonio o un ángel de Dios se acercará y nos pondrá a prueba. Por tanto, no alardees nunca de ningún logro. Mantenlo como un secreto en tu corazón.

Mantén la guardia y la decisión de rechazar lo negativo y afirmar lo positivo, de demostrar amor en vez de odio. Toma esas decisiones inmediatamente. El Arcángel Miguel es tu guardián y protector. Y cuando tomes las decisiones correctas y las refuerces con esta oración, los demonios huirán definitivamente, no solo de ti, sino de todo tu hogar. Salen corriendo porque son como coyotes; son cobardes y van en manada. Al hacer este llamado afirmarás que Dios es tu único maestro. «Presencia YO SOY, eres el maestro de mi vida y no hay ningún otro maestro en mi vida». Afirmarás lo siguiente: «Oye, Israel: el SEÑOR nuestro Dios, el SEÑOR uno es»[11]. No permitas que el temor o las dudas sean tus maestros. No permitas que la idolatría hacia ti mismo sea tu maestro. No permitas que la avaricia, la lujuria, el dinero, las posesiones u otras personas sean tus maestros. No dejes que nada en tu interior o en el exterior te separe de tu Dios. Porque si lo haces, perderás, al menos durante ese momento, tu capacidad de sobrevivir espiritualmente, en tu negocio, en tu trabajo, en tu salud.

O bien Dios es el Dios de dioses de tu vida y no existe otro poder que pueda moverte o bien reconoces a dioses menores. Si eres una casa dividida, si permites divisiones de cualquier clase en tus miembros, entonces serás vulnerable a las fuerzas que te quieren utilizar y abusar de ti. Sí, estos ángeles caídos te alagarán, pero te utilizarán y abandonarán. Y serás vulnerable hasta el final de esta vida y en todas las vidas futuras, hasta que decidas plantarte, enfrentar y conquistar al Adversario de tu inmortalidad. Por tanto, toma esa decisión hoy.

## EL PODER *de la* PALABRA HABLADA

Cuando haces el llamado «Presencia YO SOY, Tú eres Maestro», un cilindro de llama azul desciende a tu alrededor para protegerte. Visualízate dentro de un tubo de luz blanca (como puedes ver en la Gráfica de tu Yo Divino, página 9), con la llama violeta en el centro y una capa añadida de protección de llama azul del Arcángel Miguel alrededor del tubo de luz.

También puedes hacer este llamado por otras personas. Por ejemplo, si estás lidiando con un adolescente que tiene un grave problema con la cocaína o la heroína. En tal caso, estarás lidiando con legiones de fuerzas oscuras que trabajan contra el joven. Por eso es tan difícil dejar las adicciones; no solo estás luchando contra el hábito, la sustancia y su toxicidad, lo estás haciendo contra fuerzas invisibles.

Por tanto, tienes que tener más decisión. Cuando afrontas a los demonios de posesión, debes llamar al Señor para que te dé valor. Este no es un momento para la debilidad. Ordena a la luz que actúe. Ordena a los arcángeles y sus legiones que aten esas fuerzas. Haz el mantra día a día hasta que la acción que has pedido se realice.

Dios te dio una voz, el poder del habla y un chakra de la garganta para que pudieras emitir el poder de su Palabra *hablada*. Si no conoces esta forma dinámica de oración, pruébala, especialmente si nada más te ha funcionado. Puede que salves a un ser querido.

La repetición de un mantra una y otra vez también es muy importante. Los ángeles necesitan el impulso acumulado de tu energía y los llamados aquí abajo para hacer su trabajo. Esto no es una repetición vana de oraciones. Es una determinación muy consciente de orar y de «orar sin cesar»[12], como dice la Biblia, para que puedas ser una presencia reforzante al lado de un adolescente que está literalmente peleando con las fuerzas del infierno.

Las religiones del mundo de todas las épocas,

retrotrayéndonos hasta la Atlántida y Lemuria, han practicado la ciencia de la Palabra hablada, repitiendo mantras a todas horas para bajar la luz de Dios desde el nivel de la Presencia YO SOY. Vivimos en un mundo denso y Dios vive en un plano exaltado de luz. Para bajar esa luz utilizamos su nombre, «YO SOY», en decretos y oraciones de forma que la luz se afiance en nuestros chakras, los recipientes que contienen la luz.

## REÚNE *un* IMPULSO ACUMULADO DIARIO *de* ORACIÓN

Uno de los santos del cielo, cuyo nombre es Libertad, nos ha dicho: «El Arcángel Miguel está a vuestro lado y responde a vuestra llamada, y responde de la mejor manera cuando mantenéis un impulso acumulado diariamente»[13] de oraciones dedicadas a él. Tu llamada pidiendo ayuda recibirá una respuesta instantáneamente cuando hayas reunido ese impulso acumulado.

Cuando comiences a usar las oraciones al Arcángel Miguel y las repitas, llegarás al punto en que algo cambiará, algo encajará. Sentirás una corriente de luz y una sensación en todo tu cuerpo y reconocerás que en ese momento, tus oraciones habrán acumulado un impulso de devoción y habrán abierto una vía para que Miguel, literalmente, descienda a tu templo y coloque su presencia sobre ti.

Saber que Dios ha enviado a los arcángeles para que respondan a la llamada de cada niño pequeño y cada persona de la Tierra tan tiernamente, tan honestamente y con una confianza tan grande es la sensación más reconfortante y tranquilizadora. La acumulación de un impulso de oración a la misma hora, todos los días, te ofrece una reserva de luz sellada en tu corazón que estará a tu disposición cuando te encuentres con situaciones difíciles.

## LA LLAMADA *de* KELLY *al* ARCÁNGEL MIGUEL

Una vez recibí una carta de una mujer dando testimonio de una intercesión extraordinaria del Arcángel Miguel en la vida de su hija adolescente, Kelly.

Pocos días después de que Kelly y sus amigas conocieran la existencia del Arcángel Miguel, se vieron envueltas en un horrible accidente. Un camión remolque completamente cargado chocó contra su automóvil de costado, se subió encima de él y lo arrastró debajo de las ruedas ciento cincuenta metros antes de detenerse. Kelly quedó atrapada en el metal retorcido desde los pies hasta el pecho. Una rueda del camión estaba justo sobre la parte inferior de su tronco y no le dejaba respirar. Con todas las fuerzas que le quedaban, Kelly llamó, en el silencio de su corazón, al Arcángel Miguel pidiendo ayuda.

Instantáneamente el camión se alzó, dándole tiempo a girar la parte superior de su pequeño cuerpo y liberarlo. Entonces el camión con todo su peso volvió a caer. Kelly sufrió una rotura de pelvis, una pierna partida por la mitad y lesiones internas. Sentía un gran dolor, pero podía respirar ¡y estaba viva! Por la gracia de Dios, el Arcángel Miguel oyó su muda llamada y acudió como había prometido.

Los que presenciaron este suceso no podían explicar lo ocurrido. Solo sabían que había tenido lugar un milagro y que se había salvado una vida. Por la gracia de Dios y después de tres operaciones, el cuerpo de Kelly se curó. Su madre terminaba su carta así: «Doy testimonio de que el Arcángel Miguel siempre está a nuestro lado. Lo único que quiere es nuestra llamada y no puede interceder a menos que se lo pidamos».

## NO HAY NADA IMPOSIBLE: ¡HAZ *el* LLAMADO!

Algunas veces, cuando evaluamos una situación, pensamos que es tan imposible que ni siquiera los arcángeles pueden hacer nada. Bien, justo entonces es cuando hay que hacer llamados, cuando hay que recordar que siempre está ese diablillo aquí o allá que nos susurra al oído diciéndonos que los arcángeles no pueden ayudarnos. O quizá tengamos pensado hacer llamados después de terminar este proyecto, y el proyecto acaba durando seis horas y se nos olvidó hacer el llamado. Entrega la situación a la voluntad de Dios. Algunas veces hay personas que son rescatadas de la muerte y otras no. Nosotros no somos Dios y no deberíamos jugar a serlo. No tenemos en nuestras manos el destino de hombres y naciones, ni pretendemos saber el curso del karma de las personas o lo que la voluntad de Dios quiere hacer con ellas. Una cosa es segura: nuestro llamado *obligará* a la respuesta, la respuesta de Dios para esa persona y la máxima cantidad de misericordia que la Ley ofrezca a esa persona y esa situación.

Los ángeles nos dicen: «Tan solo haced el llamado. Si no hacéis el llamado, con seguridad no podremos ayudaros». Pero si lo haces, «con la fe de un grano de mostaza», la Gran Ley misma se encargará de que se haga todo lo posible para uno o para muchos que estén en dificultad.

Más que eso no podemos esperar, pues Dios no viola sus propias leyes. No viola la ley del karma y todos tenemos karma que afrontar. Algunas veces, sufrir un poco de dolor y ofensa nos ablanda el corazón. Nos volvemos más humildes, aprendemos grandes lecciones sobre la vida, nos volvemos más agradecidos y quizá dejamos de ser tan orgullosos. Dios nos enseña de muchas maneras. Podemos estar agradecidos por cada prueba.

## LOS ÁNGELES *del* ARCÁNGEL MIGUEL NOS AYUDAN PERSONALMENTE

El Arcángel Miguel nos ha asignado miembros de sus legiones para que nos ayuden personalmente. En realidad, los arcángeles nos asignan ángeles como si estos formaran parte de nuestra plantilla personal. Puedes mandar a tus ángeles a que preparen el camino para el éxito en reuniones, a que solucionen problemas imposibles. Puedes ordenarles que emprendan proyectos especiales por tu familia, tu negocio, tu iglesia. Puedes pedirles que instruyan a tus hijos cuando hacen los deberes, que les ayuden con un problema en algo que tienen que aprender, que te ayuden a establecer relaciones significativas con la gente adecuada. Puedes pedir su ayuda para cosas tanto mundanas como espirituales.

Una muchacha me escribió una historia sobre cómo el Arcángel Miguel le ayudó. Había estado de visita con sus padres en invierno en Nueva Inglaterra. Acababa de nevar y a su padre se le había quedado el furgón rentado inmovilizado en la nieve de la entrada. Intentó balancearlo, pero no pudo. Entonces empujó, con la muchacha al volante. Luego empujaron los dos, pero sin suerte. Cuanto más empujaban, más se hundía el furgón.

Después de media hora o así, la hija, que solo medía un metro sesenta, convenció a su padre para que se metiera en el furgón y volviera a balancear el vehículo mientras *ella* empujaba sola. *Entonces* ella hizo un intenso llamado al Arcángel Miguel para que pusiera su presencia sobre ella y *empujara el furgón*.

En menos de un minuto el furgón estaba fuera del surco y sobre la calzada. El padre estaba pasmado. ¿Cómo pudo esta chiquilla ser capaz de mover el furgón ella sola? Ella le dijo que no había movido el furgón para nada, que había sido el Arcángel Miguel.

## EL COMPROMISO *del* ARCÁNGEL MIGUEL HACIA TI

El Arcángel Miguel se ha comprometido con cada uno de nosotros a que si hacemos los decretos dedicados a él durante veinte minutos cada día, nos asignará un ángel para que esté con nosotros hasta la hora de nuestra victoria. Veinte minutos de decretos no es difícil, especialmente mientras vamos en el automóvil de aquí para allá.

Quisiera contarles una historia de cómo un decretador diligente cambió las circunstancias invocando el poder del Arcángel Miguel. Durante siete meses, en 1985, un asesino en serie llamado el «acosador nocturno» cometió catorce asesinatos y veinte violaciones y agresiones en Los Ángeles y San Francisco. Entraba en la casa de sus víctimas por la noche por puertas y ventanas abiertas.

El 31 de agosto, la mujer que me contó esta historia se levantó a las cinco de la mañana. Algo le pasó y sintió en su interior la intensa determinación de que ese era el día en que el «acechador nocturno» sería capturado. Comenzó rezando el rosario del Arcángel Miguel.[14] Lo repitió cada hora, dedicándolo a un solo fin: la captura del «acosador nocturno».

Ese mismo día, Richard Ramírez fue capturado en un vecindario del este de Los Ángeles cuando los residentes lo vieron intentado robar un automóvil. Lo capturaron y lo detuvieron hasta que llegó la policía. La policía determinó que las huellas dactilares de Ramírez coincidían con las que habían encontrado en un automóvil robado del que se sabía que había sido utilizado por el «acosador nocturno».

Puede que no te creas que esto se llevó a cabo mediante

la acción de una persona que decidió guardar una vigilia porque el Arcángel Miguel le comunicó que ese era el momento en que ese hombre podía ser capturado. Dicen que los milagros son para los que creen. Y tú mismo te convertirás en creyente cuando empieces a darte cuenta de los muchos milagros que este arcángel realizará tanto *para* ti como *a través* de ti mediante tus oraciones por los demás.

Solo hace falta una persona con decisión para cambiar una circunstancia muy oscura y maligna. Puede que mucha gente hubiera estado rezando por esta misma situación. Lo que esta persona hizo distinto fue que concentró sus llamados al Arcángel Miguel, decidida en su corazón a que ese era el día, y no dejó su vigilia de oración hasta que lo que se propuso se cumplió.

Si crees que estás enfrentado un problema que no tiene solución, te aconsejo que acudas al Arcángel Miguel y le pongas a prueba. No importa lo grande que parezca el problema, en tu vida o incluso a escala nacional, acude al Arcángel Miguel.

## PONTE TODA *la* ARMADURA *de* DIOS

El Arcángel Miguel dice que además de llamar a sus ángeles para que intercedan, puedes unirte a sus legiones en su servicio a la Tierra durante tres horas cada noche que te ofrezcas. Cuando te vayas a acostar por la noche, llámale para que venga y te lleve, te vista con la armadura de los ángeles de forma que puedas unirte a sus legiones y aprender a ir a la batalla con ellos para proteger a las almas de luz.

Miguel también te invita a que estés en los consejos que celebra en su retiro de Banff y puedas pronunciarte sobre dónde enviarías a sus legiones. Llámale para que lleve tu alma a su retiro mientras tu cuerpo duerme. Sus ángeles recargarán tu alma con su enorme energía y luz.

Puesto que los ángeles del Arcángel Miguel jamás van a la batalla sin su armadura de luz y la protección plena de la Ley, Miguel nos encarga que hagamos lo mismo: ponernos toda la armadura de Dios. Esta directiva se la dictó al apóstol Pablo y Pablo la escribió en su epístola a los efesios. Esto es lo que el Arcángel Miguel le dijo:

*Vestíos de toda la armadura de Dios, para que podáis estar firmes contra las asechanzas del diablo...*

*Estad, pues, firmes, ceñidos vuestros lomos con la verdad, y vestidos con la coraza de justicia,*

*y calzados los pies con el apresto del evangelio de la paz.*

*Sobre todo, tomad el escudo de la fe, con que podáis apagar todos los dardos de fuego del maligno.*

*Y tomad el yelmo de la salvación, y la espada del Espíritu, que es la palabra de Dios.*[15]

Este mandato nos dice que la justicia, el honor y las virtudes de Dios son nuestra verdadera protección. El Arcángel Miguel dice que como respuesta a tu llamado, él te dará su armadura y escudo. A medida que trabajes diariamente para deshacerte de tus debilidades, esta armadura será fortalecida.

## EL ARCÁNGEL MIGUEL TRAE *el* DON *de la* FE

El don de la fe es un don muy grande. Ese es el don que el Arcángel Miguel te trae. Mucha gente duda. Duda de sí misma, duda de Dios, tiene mucho temor y teme a Dios. La fe no es un elemento activo en su vida y, sin embargo, todos hemos de tener fe en algo. La gente nos fallará de vez en cuando, pero Dios no nos fallará y los ángeles no nos fallarán.

Cuando reces y decretes con una fe absoluta en Dios y en el poder de su Palabra hablada a través de ti, aquello que pidas se manifestará, a menos que aquello por lo que decretes no sea voluntad de Dios o no sea el momento de que la respuesta a tu oración se manifieste. Las dudas bloquean la manifestación física de tus decretos. El Arcángel Miguel ha dicho que si le damos nuestras dudas y temores, él nos devolverá su pleno impulso acumulado de fe y su devoción a la voluntad de Dios. Él fortaleció a Juana de Arco para que avanzara cuando todo parecía perdido. Él susurró a su oído: «¡Ataca! ¡Ataca! ¡Ataca!». Ella repitió la orden y reunió las fuerzas de Francia para luchar en defensa de la libertad.

Dedico mi oración a que te conviertas en amigo del Arcángel Miguel para que cuando tengas necesidad de un amigo, él esté ahí.

# MIGUEL y FE

| | |
|---|---|
| RAYO Y COLOR | *Primer rayo, azul* |
| CUALIDADES | *Poder divino, perfección y protección, voluntad de Dios* |
| CHAKRA | *Garganta – 16 pétalos* |
| COBRA PROMINENCIA EN | *Martes* |
| RETIRO ESPIRITUAL | *Por encima de Banff (Canadá)* |

## PÍDELES:

| | |
|---|---|
| DONES ESPIRITUALES | *Fe, perfeccionamiento de tu alma, tu arquetipo divino, libertad de temor y dudas* |
| AYUDA PERSONAL CON | *Protección física y espiritual y seguridad en casa, fuera de casa y cuando se viaja; atadura de agresores psíquicos y espíritus malignos* |
| AYUDA EN ASUNTOS INTERNACIONALES | *Inspiración para líderes, mejora del Gobierno* |

# COMULGAR con los ÁNGELES de la FE y la PROTECCIÓN

## HAZ EL LLAMADO

Del mismo modo que el Arcángel Miguel fortaleció a Juana de Arco, también te fortalecerá a ti en el momento de necesidad. Él dice que cuando todo parezca ir mal, puedes llamar a sus legiones dando la orden: «¡Atacad, atacad, atacad, y que la victoria sea proclamada!».

¡Atacad, atacad, atacad, y que la victoria sea proclamada!
¡Atacad, atacad, atacad, y que la victoria sea proclamada!
¡Atacad, atacad, atacad, y que la victoria sea proclamada!

Haz ese llamado con todo el poder de tu ser y no aceptes nada menos que la victoria todos los días de tu vida.

## USA EL NOMBRE DE DIOS

Cuando hables con Dios, di tus oraciones y decretos en voz alta y habla con autoridad. Puedes comandar a los ángeles para que entren en acción si lo haces en el nombre de Dios, YO SOY EL QUE YO SOY. Nuestro yo inferior no tiene ninguna autoridad para dar órdenes a Dios o a sus ángeles, pero las escrituras dicen: «Porque todo aquel que invocare el nombre del Señor, será salvo"[16].

Por tanto, para dar comienzo a un decreto o mantra, puedes decir: «En el nombre de Dios, YO SOY EL QUE YO SOY, en el nombre de mi Poderosa Presencia YO SOY y Ser Crístico [entonces puedes añadir los nombres de las legiones cuya acción estés invocando, como por ejemplo, "en el nombre del Arcángel Miguel"], yo decreto». Luego haz el decreto. He aquí uno al Arcángel Miguel:

**Protección de Viaje**

¡San Miguel delante, San Miguel detrás,
San Miguel a la derecha, San Miguel a la izquierda,
San Miguel arriba, San Miguel abajo,
San Miguel, San Miguel, dondequiera que voy!
¡YO SOY su amor protegiendo aquí!
¡YO SOY su amor protegiendo aquí!
¡YO SOY su amor protegiendo aquí! (repítase 3 o 9 veces)

Al repetir este decreto, visualiza al Arcángel Miguel viniendo hacia ti con toda su armadura, con una poderosa espada de llama azul, liberándote con ella de todo lo que no es de Dios, todo lo que no es de la luz.

Puedes hacer la «Protección de Viaje» en cualquier momento, en cualquier sitio, incluso si te quedas en casa. Ve al Arcángel Miguel delante de ti, detrás de ti, a tu derecha, a tu izquierda, por encima de ti, por debajo de ti y en medio de tu cuerpo. Allá donde vayas, ahí estará el Arcángel Miguel.

Cuando vayas en automóvil a trabajar, llama al Arcángel Miguel para que esté alrededor de tu automóvil y de cualquier otro automóvil en la autovía así como en todas las demás autovías o carreteras de todo el mundo. No se tarda más tiempo en multiplicar tu llamado, hacer esa oración para todas las personas que estén viajando en cualquier medio de transporte, en cualquier parte. El Arcángel Miguel puede duplicar su manifestación mil millones de veces, conservando la plena presencia de su ser allá donde sea llamado.

## PIDE LA ARMADURA DE DIOS

Una forma de invocar la armadura de Dios es invocar tu tubo de luz. Al hacer este decreto, visualízate de pie en la llama violeta, rodeado del tubo de resplandeciente luz blanca proveniente de tu Presencia YO SOY (véase Gráfica en la página 9). Ve cómo se forma a tu alrededor como un intenso fuego blanco, un cilindro de protección absoluta desde el corazón de Dios.

### Tubo de Luz

Amada y radiante Presencia YO SOY,
séllame ahora en tu Tubo de Luz
de llama brillante Maestra Ascendida
ahora invocada en el nombre de Dios.
Que mantenga libre mi templo aquí
de toda discordia enviada a mí.

YO SOY quien invoca el Fuego Violeta
para que arda y transmute todo deseo,
persistiendo en nombre de la libertad
hasta que yo me una a la Llama Violeta.
(repítase 3 veces)

# Cómo *te* ayudan *los* ángeles *a* entrar *en* contacto *con tu* Yo Superior

3

# ARCÁNGEL JOFIEL y CRISTINA

*H*ay ángeles a todo nuestro alrededor. Pero algunas veces su presencia, su vibración y nuestra capacidad de sentirlos y entrar en contacto con ellos se ve ahogada por todo el ruido que tenemos a nuestro alrededor. Incluso cuando no oímos los sonidos de la vida moderna, podemos sentir las energías que bombardean nuestros sentidos.

Para meditar diariamente así como acumular un impulso de meditación hace falta tiempo aparte y un sitio especial, sobre todo si deseamos la comunión directa con la mente de Dios y los ángeles que facilitan esa comunión. El ángel al que hay que llamar específicamente para la mente de Dios y la apertura del chakra de la coronilla es el Arcángel Jofiel, pues él trae sabiduría de Dios, iluminación, entendimiento y gnosis (autoconocimiento en Dios).

Jofiel y Cristina son el arcángel y la arcangelina del segundo rayo, el rayo de la sabiduría de Dios. Ellos vienen para desterrar la ignorancia y traer la iluminación. Los ángeles del segundo rayo aceleran tu capacidad de sintonizarte con la mente universal de Dios. Trabajan contigo mediante tu chakra de la coronilla, conocido en Oriente como el loto de mil pétalos. Es de color amarillo dorado y puedes visualizarlo justo en la parte superior de la cabeza.

El chakra de la coronilla tiene 972 pétalos, poseyendo cada uno de ellos su propia frecuencia o vibración para la vivificación de nuestra mente. No hay más que una mente universal de Dios y todos nos vinculamos a esa Mente. Cuando limpiamos nuestro cerebro y lo aligeramos de los alimentos densos y las sustancias que nublan la mente, este puede ser el recipiente de la mente de Dios.

La apertura de la mente de Dios en ti se produce gracias a la meditación sobre el chakra de la coronilla y encarnando la llama de la sabiduría. Al entrar en contacto con la luz, puede que sientas una vibración o un cosquilleo en el chakra de la coronilla al entrar la luz en el cerebro y dirigirse a ese chakra. Algunos perciben esto como el sonido de una cascada.

Jofiel es un nombre que significa 'belleza de Dios'. Algunas tradiciones dicen que Jofiel es el guardián del Árbol del Bien y el Mal. Él es el protector de los buscadores honestos de la verdad y se dice que fue el instructor de los hijos de Noé. En algunas tradiciones Jofiel está considerado como el Príncipe de la Ley (o Tora) y el arcángel que instruyó a Moisés en el misterio de la cábala. Es el arcángel que patrocina las enseñanzas de sabiduría de Gautama Buda, Confucio y Lao Tsé. También sirve al Señor Cristo y sus discípulos.

La misión de Jofiel y Cristina es liberarnos de la ignorancia tan grande que se está asentando en todas las naciones, comenzando con los primeros cursos escolares. Llámales a ellos y a sus ángeles para que desvelen los misterios de Dios y desenmascaren las infamias de hombres y ángeles caídos. Ellos revelan aquello que está oculto en el gobierno, la ciencia, la enseñanza, la medicina, la alimentación, el medio ambiente, la guerra contra las drogas, los efectos de la música en la evolución y en todas las cosas que afectan a nuestra vida diaria. El retiro de Jofiel y Cristina se encuentra al sur de la Gran Muralla, cerca de Lanchow, al norte de la zona central de China. ¿No es curioso que asociemos la gran sabiduría de los antiguos con los chinos?

## LOS ARCÁNGELES SE APARECEN *a los* APÓSTOLES

En el Libro de Hechos, un ángel se apareció a Cornelio, centurión romano y gentil, y le dijo que enviara hombres a Jope para encontrar al apóstol Pedro. El ángel dio a Cornelio la ubicación exacta donde los hombres podían encontrar a Pedro y ellos, siguiendo las instrucciones del ángel, eso hicieron. Hechos también deja constancia de que un ángel liberó a Pedro de la cárcel.

El apóstol Pablo se encontró con un ángel cuando estaba a bordo de un barco en peligro de naufragio. El ángel le dijo a Pablo que estaba destinado a aparecer ante el César, razón por la cual Dios salvaría la vida de todos los que navegaban con él. Más tarde, Pablo dijo a los que estaban a bordo: «Pero ahora os exhorto a tener buen ánimo, pues no habrá ninguna pérdida de vida entre vosotros, sino solamente de la nave. Porque esta noche ha estado conmigo el ángel de... Dios»[1].

Los ángeles que rescataron a Pedro y Pablo eran arcángeles. Los apóstoles eran personas como nosotros y tuvieron encuentros con los ángeles. Por tanto, tú también puedes tener encuentros con los ángeles.

## LOS ARCÁNGELES *son* SERES ANTIQUÍSIMOS

Los arcángeles son tan antiguos que son anteriores a la creación de los mundos. Son los primeros seres que Dios creó. Tanto si nos referimos a un arcángel tal como es actualmente como si nos referimos a él tal como era hace cien mil años, se trata del mismo ser. Mientras que nosotros vamos y venimos vida tras vida, los arcángeles y sus legiones de luz han estado por siempre en el ser de Dios.

El Arcángel Jofiel ha dicho que a veces sus ángeles forman una columna de luz desde aquí hasta el Gran Sol Central, que está más allá de lo que conocemos o lo que nos es visible. Puedes imaginarte a Jofiel y Cristina y sus legiones vestidos con túnicas doradas, con un resplandor ardiente casi cegador. Estos ángeles ocupan la esfera amarilla y dorada que rodea el centro de fuego blanco del Gran Sol Central. Aparecen como haces de fuego amarillo desde el Sol; y ese resplandor destellante da una idea del poder que tienen para vivificar nuestra mente.

## LOS ÁNGELES *te* ENSEÑAN DIARIAMENTE

Jofiel y Cristina son instructores de la humanidad. Sus legiones de ángeles te enseñan todos los días, inspirándote. Sus pensamientos entran tan fácilmente en tu mente que cuando en un momento dado no tienes ninguna idea sobre cómo hacer algo, de repente te viene la idea, el plan, el arquetipo.

El cerebro es un instrumento magnífico. Yo lo veo como un cáliz. El sistema nervioso central, las mentes subconsciente e inconsciente y los chakras son todos cálices, receptores de la inteligencia de la mente de Dios. Recibimos ideas que nos ponen a navegar en nuestras carreras profesionales y nos dan la capacidad de tener éxito. ¿Cuántas de esas ideas tienen su origen en el cerebro humano? ¿Y cuántas de ellas realmente provienen de la Mente Superior, de la Presencia Divina, de la inteligencia universal? Continuamente me dan una lección de humildad las indicaciones de Dios que yo y otras personas recibimos, que simplemente no pueden surgir de nosotros sino que son realmente un regalo.

Cuando trabajas con los ángeles del segundo rayo, trabajas para unirte totalmente a tu Yo Superior de forma que la Presencia Crística (véase la Gráfica en la página 9) ya no esté por encima de ti, sino completamente integrada contigo, aquí abajo. Esa es la naturaleza de los grandes avatares de todos los tiempos. Jesucristo fue la manifestación, la encarnación del Hijo de Dios de forma total. Él estableció el ejemplo y el patrón de lo que todos pueden hacer.

## EXPANDE *tu* CAPACIDAD MENTAL

La Arcangelina Cristina dice que no estás limitado en absoluto por lo que está considerado como la capacidad mental normal. Ella dice que te han lavado el cerebro para que creas que solo unos pocos privilegiados pueden poseer un intelecto superior. Qué tragedia —nos dice— que la gente limite la capacidad mental de sus hijos según un test para medir el cociente intelectual. Debido a que las personas aceptan eso como límite del desarrollo cerebral, los ángeles de la iluminación no pueden encender su mente con la capacidad de la Mente Superior. Aunque la materia cerebral responde, la conciencia humana, con su sentido de limitación, no lo hace.

Cuando esto sucede —dice Cristina— la conciencia humana no es una puerta abierta y por ello no recibe el fuego. Ella nos dice que la gente utiliza solo una décima parte de su capacidad mental, pero esto cambiará cuando llames a los ángeles de la sabiduría y la iluminación para que ayuden a toda la población de la Tierra a elevarse hacia su propia conciencia superior. Cristina dice que la llama dorada de la iluminación tiene el poder de moldear tu cerebro, de elevarte a un nivel donde utilizarás un 20, 30, 40, 50 por ciento de tu capacidad y, finalmente, el 100 por cien de la materia prima que poseías cuando naciste. ¡Imagínate!

## ACCEDE *a la* MENTE CRÍSTICA *y a* TU YO SUPERIOR

Nuestro propósito es acelerar nuestra capacidad de sintonizarnos con la mente universal de Dios. Los ángeles de la sabiduría esperan y están listos para recibir tu señal, a la cual te ayudarán a absorber los elementos de la mente de Dios. El Arcángel Jofiel destacó: «¿Sabéis que una sola mente, transformada por la mente de Cristo, es un catalizador para la aceleración de las mentes de la población de todo un planeta?»[2]. Eso es lo que puede hacer el Cristo encarnado, el Buda encarnado.

Pablo dijo: «Haya, pues, en vosotros ese sentir [esa mente] que hubo también en Cristo Jesús»[3]. El propio Pablo fue testigo de la unidad de la mente de Jesucristo con la mente de Dios. Muchos cristianos creen que no pueden ser como Jesús, que fue y es el rabino más grande que jamás vivió. Pero Jesús te dice hoy día que tú *puedes* tener la mente de Cristo, la mente de Buda, la mente de Dios. Él garantiza que puedes tener esa mente. Pero si no lo crees, si has aceptado la mentira de Satanás de que eres un pecador condenado y que no tienes derecho a caminar y hablar con Jesús como amigo, hermano y rabino, entonces la evaluación que hagas de ti mismo te privará de la posesión de esa mente.

Jesús dice hoy lo mismo que dijo hace dos mil años: «Todo lo que yo he hecho, vosotros también podéis hacerlo, y más, porque a través de vuestro Santo Ser Crístico tenéis la misma conexión con Dios que yo». Eso es lo que Jesús dijo, lo cual consta en las escrituras: «El que en mí cree, las obras que yo hago, él las hará también; y aún mayores hará, porque yo voy al Padre»[4].

Jofiel dice que si quieres tener control sobre tu vida debes acceder a la mente Crística. En un dictado nos aconsejó lo siguiente:

*Seguid el sendero de la imitación de Cristo. Hablad como sabéis o creéis que Cristo hablaría: con amor pero firmemente, severamente cuando sea necesario, con misericordia cuando proceda, suavemente cuando haga falta, con la intensidad del fuego sagrado cuando queráis despertar a un alma que no quiere ser despertada. Hablad como Cristo lo haría y Cristo hablará a través de vosotros. Pensad como Cristo lo haría y Cristo pensará a través de vosotros y la mente de Dios se hará congruente con el recipiente físico. Y no habrá ninguna separación, puesto que aquellas cosas que son iguales a las mismas cosas, son iguales entre sí: ¡un solo Cristo, un solo Señor, una sola manifestación en vuestro templo![5]*

Cuando os oigáis decir cosas que sabéis que Jesús no diría, en ese momento estaréis lejos de vuestro Santo Ser Crístico así como de Jesucristo. La Presencia Crística se separa de la discordia humana y se eleva a las octavas celestiales de armonía espiritual.

Mediante un corazón puro y penitente, mediante la oración y los decretos de llama violeta, puedes restablecer tu armonía con la llama del perdón y la bondad que compartes con todos. Cuando lo hagas, la Presencia Crística se acercará de nuevo a ti.

No te condenes cuando te equivoques o te enojes, porque con esa vibración sigues apartando la Presencia Crística. No hay nada productivo en la condenación de ti mismo. Si te equivocas, levántate, reconoce que has errado y luego haz lo que sea necesario para corregir el equívoco y continúa con tu vida.

Los ángeles caídos nos atormentan con la condenación hacia nosotros mismos, algunas veces todos los días de nuestra vida. Unos padres autoritarios nos pueden haber inculcado una ausencia de valía propia, por lo cual nos condenamos a nosotros mismos. Necesitamos superar esos sentimientos, porque Dios es real en nosotros.

Ángeles y maestros gravitan hacia reinos superiores, por lo cual, para estar y comulgar con ellos has de elevar tu conciencia. Esta es la ley de las octavas. Puedes acelerar tu conciencia mediante oraciones, meditación, con tu amor, armonía, paz y comprensión. Esta es la clave para entrar en contacto con ellos y con tu Yo Superior. Mediante el mismo proceso puedes atraer a tu Yo Superior, a los ángeles y los maestros ascendidos hacia abajo, hasta tu nivel, una vez que hayas reconsagrado tu corazón, alma y aura mediante devociones.

## LOS ÁNGELES DISIPAN *la* IGNORANCIA

Los ángeles del segundo rayo de la sabiduría y la iluminación tienen la tarea de rescatar de la ignorancia a las almas del mundo: ignorancia sobre las leyes de Dios, ignorancia sobre su verdadera identidad en Dios. Los sabios de Oriente y Occidente definen la ignorancia como una ceguera hacia la verdadera naturaleza del Yo Real.

Gautama Buda enseñó que la ignorancia sobre la verdadera naturaleza propia causa el deseo exacerbado, que es la base de todo el sufrimiento y la razón por la cual seguimos reencarnando. Los textos del hinduismo enseñan que la ignorancia es el origen del dolor y que este no cesará hasta que la ignorancia se disipe totalmente. Así, si eso es cierto, no sabremos cuándo la ignorancia se ha disipado por completo excepto desde el punto de vista de nuestra propia iluminación.

Cada día es una demostración de qué es la sabiduría de Dios en realidad y qué es la enseñanza del hombre. Nunca sabemos lo ignorantes que éramos hasta que logramos un poquito más de iluminación. Entonces, cuando alcanzamos el siguiente nivel y miramos hacia atrás, vemos que no éramos tan inteligentes ni siquiera entonces.

## ENSEÑAR *al* CORAZÓN, *la* MENTE Y *el* ALMA

Jofiel y Cristina están afectados por el deplorable estado de la enseñanza. Sus ángeles libran una guerra constante contra la ignorancia, la densidad mental y la mediocridad, pues tales cosas afectan la mente de educadores y estudiantes y bajan los estándares de las instituciones de la enseñanza. Jofiel dice que esas actitudes negativas «empañan la nitidez de las cualidades Crísticas que pertenecen a los niños del Sol y son su herencia»[6].

Jofiel dice que hemos de enseñar al corazón, luego a la mente y después al alma. «Pensad en los antiguos —dice— que caminaban por la Tierra y conocían los pensamientos de Dios cuando Dios los tenía»[7].

En nuestra época, la meta de la enseñanza en la Tierra ha sido acelerar la computadora del cuerpo mental. La comunicación directa con Dios a través del corazón falta. Sin la inteligencia diferenciadora del Yo Superior, el hombre es poco más que una computadora, una máquina de carne y hueso. Por eso desde el momento de la concepción, los padres deben comenzar y continuar el ritual de la enseñanza del corazón, la mente y el alma. Entonces el hombre realizará el potencial que tiene de convertirse en un hijo de Dios.

La Arcangelina Cristina nos pide que la llamemos para que interceda y dé métodos de enseñanza avanzados para padres, profesores y patrocinadores de la juventud:

*Rezad para que los Instructores del Mundo y las jerarquías de la iluminación den a los instructores en todos los campos, así como a vosotros, nuevos y avanzados métodos para enseñar todos los temas. Hemos dado métodos a través de María Montessori y muchos otros educadores. Hay mucho más que podemos dar a aquellos que quieran escuchar.*[8]

## NO SUBESTIMES *lo* QUE *los* ÁNGELES PUEDEN HACER POR TI

Jofiel y Cristina te enseñan a llamar a sus innumerables legiones de ángeles para que te ayuden con los detalles más pequeños de tu vida personal, de igual modo que puedes llamarlos en lo concerniente a asuntos de crisis nacional o internacional. Tenemos la tendencia a subestimar lo que los ángeles pueden y quieren hacer por nosotros, así es que inténtalo. Demuestra que lo que digo es verdad.

Uno de mis estudiantes tuvo esta experiencia:

*Una vez tenía que conseguir permiso de una compañía para citar un pasaje de una de sus publicaciones. Era un proyecto urgente. Mi nota era breve y tenía las palabras que normalmente se usan en este tipo de solicitudes, pero estaba pidiendo permiso no solo para hacer uso del pasaje en la actualidad, sino para usar el pasaje en el futuro en una variedad de formas. Recuerdo pensar: «Esto parece una lista de mis deseos».*

*Al enviar el fax mi nota, hice un llamado de todo corazón al Arcángel Jofiel. Era la primera vez que le hacía un llamado específico. Puse todo el asunto en sus manos.*

*Normalmente la respuesta a este tipo de solicitudes tarda días o semanas en llegar. Pero menos de una hora más tarde, sobre la bandeja del fax había una respuesta. «No ha tardado nada», pensé. «Espero que tenga buenas noticias».*

*Al leer el fax vi que habían respondido elegantemente, concediéndome todas mis solicitudes sin restricciones, ¡y sin cobrarme nada! Alabé al Arcángel Jofiel por su maravillosa intercesión. Sabía que podemos esperar respuestas a nuestras oraciones, pero aún hoy sigo asombrado por la rapidez de su respuesta.*

Otro estudiante me contó esta historia:

*Cuando viajaba hacia casa con otros estudiantes compañeros míos, mi automóvil tuvo un problema y se empezó a calentar mucho. Todos llevábamos muy poco dinero y el viaje lo hicimos «con Dios y ayuda», literalmente.*

*Cada vez que la aguja empezaba a subir marcando más y más temperatura, yo hacía intensos llamados a los ángeles y los espíritus de la naturaleza. Le dije a la gente que me acompañaba que visualizara la forma de pensamiento de la nieve, ríos de montaña fríos y cristalinos y hielo alrededor de todo el motor. Entonces veíamos cómo la aguja bajaba inmediatamente según bajaba la temperatura a su nivel normal. Fue un maravilloso testimonio del poder de la Palabra y la intercesión de los ayudantes celestiales.*

Recuerda la visualización. Sea cual sea el problema, pon toda tu atención en esa forma de pensamiento mientras haces los llamados de ayuda.

## LOS ARCÁNGELES RESPETAN *el* LIBRE ALBEDRÍO

Cuando llamas a los arcángeles en el nombre de Dios, YO SOY EL QUE YO SOY, y en el nombre de Jesucristo o de tu Ser Crístico, ellos están obligados por ley cósmica a ayudarte, siempre y cuando tus peticiones estén de acuerdo con la voluntad de Dios y siempre y cuando tú te sometas a esa voluntad. Su respuesta, sin embargo, no siempre es obvia y con frecuencia la encontramos indirectamente cuando acaba tomando forma en nuestra vida.

He aquí un ejemplo de una oración que puedes hacer a los arcángeles:

*En el nombre YO SOY EL QUE YO SOY, en el nombre de Jesucristo, amados Arcángel Jofiel y Cristina, os pido que fijéis la mente de Dios sobre todo hombre, mujer y niño en este planeta para que podamos ver, conocer y ser la Verdad viva, para que nuestros líderes nos puedan dar un verdadero liderazgo y para que puedan lograr la resolución correcta para todos los problemas que afrontan los Gobiernos de las naciones. Arcángel Jofiel y Cristina, os llamo y lo acepto hecho ahora con pleno poder, como respuesta a mi llamado.*

Cuando hagas un llamado como este a Jofiel y Cristina, acepta el hecho de que te han respondido instantáneamente. En este caso, yo acepto que han fijado la mente de Dios sobre cada persona en la Tierra. Ahora entra en juego el libre albedrío. Algunas personas aceptarán esa mente. Algunas serán curadas por ella. Otras la rechazarán, bien consciente o bien inconscientemente.

¿Por qué no nos ayudan los ángeles sin que les recemos y les dirijamos? El quid de la cuestión es que nosotros ejercimos nuestro libre albedrío y abandonamos los reinos de perfección. Dijimos a Dios: «No estamos satisfechos con obedecer tu voluntad. Vamos a marchar por un período de experimentación, ejerciendo el libre albedrío que nos diste en el principio». Este experimento ha acabado durando muchos miles de años.

Dios nos dio este universo físico, este hogar planetario y otros hogares planetarios para que probáramos con el libre albedrío. Hizo un pacto con nosotros, y dijo: «Ahora vives en el reino de escabel. Es tu reino. Has escogido gobernarlo. Por tanto, nuestros ángeles no interferirán con tu libre albedrío a menos que se lo pidas, a menos que llegues al punto en el que aceptes y pidas la voluntad de Dios».

Por esta razón los ángeles no se ponen a cuidar de todo, por eso no evitan cada accidente, cada calamidad, cada guerra, cada incendio que ocurre, cada muerte de un niño. «¿Por qué Dios no lo detiene todo? ¿Por qué deja que pasen todas esas cosas?». Mucha gente usa este razonamiento como lógica para estar siempre enojada con Dios. Esas personas no entienden que todos estamos recogiendo nuestro karma. Y no entienden que hemos optado por la libertad.

Mucha gente teme la voluntad de Dios porque le podría cambiar toda la vida y se siente muy cómoda en la situación en que se encuentra ahora. Pero Dios no quiere que seamos robots bajo su control. Nos dotó de su llama, su chispa divina. Nos dio nuestra Presencia YO SOY para que estuviera con nosotros en todo momento y nos dio una Presencia Crística o Presencia Búdica. Nos dio todas esas cosas en base al libre albedrío. Incluso tenemos el libre albedrío de apagar esa llama de nuestro corazón si manifestamos gran ira contra Dios.

Llevamos haciendo chapuzas tanto tiempo que algunos de nosotros hemos llegado a la conclusión de que no merece la pena continuar por nuestro camino, con nuestro propio libre albedrío, porque antes o después las cosas acaban no saliendo como deberían. Si llegas a ese punto, puedes decidir probar la voluntad de Dios y pedir esa voluntad en tu vida todos los días. Ofrece una oración a Dios diciendo que irás allá donde su voluntad te lleve y que mantendrás un oído atento para obedecer la voz interior de Dios. Tener una relación así con Dios es algo maravilloso.

# JOFIEL *y* CRISTINA

| | |
|---|---|
| RAYO Y COLOR | *Segundo rayo, amarillo dorado* |
| CUALIDADES | *Sabiduría, iluminación* |
| CHAKRA | *Coronilla; 972 pétalos* |
| COBRA PROMINENCIA EN | *Domingo* |
| RETIRO ESPIRITUAL | *Cerca de Lanchow, norte de China central* |

## PÍDELES:

| | |
|---|---|
| DONES ESPIRITUALES | *Sabiduría, iluminación, entendimiento, inspiración, conocimiento, conexión con tu Yo Superior* |
| AYUDA PERSONAL CON | *Absorción y retención de información, estudio, pasar las pruebas; libertad de adicciones; salud mental; mente abierta* |
| AYUDA EN ASUNTOS INTERNACIONALES | *Iluminación para líderes en los Gobiernos, los negocios, la enseñanza y la religión; limpieza de nuestro planeta; reforma de la enseñanza* |

# COMULGAR con los ÁNGELES de la SABIDURÍA

## ENTRAR EN CONTACTO CON TU YO SUPERIOR

Pide a Jofiel y Cristina y a los ángeles de la sabiduría que te ayuden a entrar en contacto con tu Yo Superior. No hace falta una oración larga ni formal. Simplemente puedes decir:

*Amados Arcángel Jofiel y Cristina y legiones de luz, venid ahora. Ayudadme. Ayudad a mi alma a entrar en contacto con mi Yo Superior. Quiero comulgar con esa parte de mí. Quiero convertirme en mi Yo Superior aquí en la Tierra. Quiero ser capaz de hacer esas mayores cosas que Jesús me prometió que yo haría porque él está en el corazón del Padre. Oh Jofiel y Cristina, corregidme, mostradme qué es aceptable y qué no lo es ante los ojos de Dios. Enseñadme el camino. No soy más que un niño. Deseo aprender. Deseo escuchar. Venid a mi casa. Ayudad a mis hijos. Ayudad con mi matrimonio. Ayudad a mi familia. Ayudadme a encontrar el empleo que necesito para mantenerme y mantener a los que dependen de mí.*

Cuéntales si tienes necesidad de volver a estudiar, conseguir un grado universitario, estudiar a un nuevo nivel para poder ayudar a más gente. Háblales de tu plan divino y pídeles ayuda con eso. Háblales como si estuvieran a menos de un metro frente a ti. Ellos oyen cada palabra. Dios los creó hace eones para que cuando necesitaras ayuda para encontrar tu sendero, Jofiel y Cristina y sus legiones estuvieran ahí contigo.

Habla a Dios y sus ángeles con una oración desde tu corazón, con una oración llena del fuego del amor que sientes por ellos y llena del fuego del deseo que sientes por caminar realmente a la sombra del Todopoderoso.

## MEDITACIÓN EN EL CHAKRA DE LA CORONILLA

Cuando realizas una meditación en algún chakra, coloca la mano izquierda sobre tu corazón y la derecha sobre el chakra que deseas activar. Al hacer esto estarás entrando en contacto con tu Presencia YO SOY. Para activar la coronilla, coloca el pulgar, el índice y el dedo medio de la mano derecha juntos sobre la cabeza, en la coronilla. Visualiza una brillante llama amarilla saltando y latiendo desde ese punto. La mano izquierda toma el fuego de tu corazón y la derecha usa ese fuego para vivificar el chakra de la coronilla. Luego habla a la llama, la extensión de la presencia de Dios:

Oh llama de luz brillante y dorada,
Oh llama tan maravillosa de contemplar,
YO SOY el que brilla en toda célula del cerebro,
YO SOY el que todo lo adivina en la luz de la sabiduría.
Fuente de iluminación que fluye incesantemente,
YO SOY, YO SOY, YO SOY iluminación.

Repítelo tantas veces como desees, diciéndolo con toda la alegría de tu corazón, con la expectativa, la absoluta convicción de que Jofiel está estableciendo esta llama en tu chakra de la coronilla.

Los ángeles te ayudarán a entrar en contacto con tu Yo Superior a través del mantra. Al meditar en los ángeles, vierte tu amor y devoción hacia ellos y ejerce el poder del habla para afirmar a Dios allá donde estés. Al hacer esto, estarás entrando en consonancia con tu Yo Real, el Santo Ser Crístico.

Cuando reúnas todas estas cosas y establezcas un patrón de comunión con Dios, tu aura cambiará. No solo irá cayendo en incrementos hacia ti tu Presencia Crística, sino que los ángeles también acudirán y magnificarán tu aura para el trabajo que has de realizar cada día. Ellos son tus bien dispuestos asistentes.

## SALUTACIÓN AL SOL

Este mantra es una manera perfecta de comenzar una sesión diaria de yoga o una sesión de meditación así como cualquier otro ejercicio físico. Comenzando con esta salutación al sol, consagrarás tu cuerpo físico, tu cuerpo de los deseos, tu cuerpo mental y tu cuerpo de la memoria a Dios.

> Oh poderosa Presencia de Dios, YO SOY, dentro y detrás
> del Sol: acojo tu Luz, que inunda toda la Tierra,
> en mi vida, en mi mente, en mi espíritu, en mi alma.
> ¡Irradia y destella tu Luz!
> ¡Rompe las cadenas de oscuridad y superstición!
> ¡Cárgame con la gran claridad
> de tu radiación de fuego blanco!
> ¡YO SOY tu hijo, y cada día me convertiré más en tu
> manifestación!

Cuando veas las palabras *YO SOY* en estas oraciones y mantras, recuerda que se trata del nombre que Dios dio a Moisés. Cuando afirmes «YO SOY», en realidad estarás diciendo «el YO SOY EL QUE YO SOY que es mi Yo Real es», y luego dirás la acción o cualidad. De esta forma atraerás la luz de Dios para traer a la manifestación aquello que has nombrado.

# Cómo *te* ayudan *los* ángeles *a* experimentar más amor

4

CHARITY

# ARCÁNGEL CHAMUEL *y* CARIDAD

*E*l amor divino es la fuerza que encuentra más resistencia de todo el planeta. Los ángeles caídos están decididos a quitarte el amor divino que puedes expresar hacia los demás y hacia todos con quienes te encuentres. ¿Por qué? Cuando tienes amor en tu corazón, los ángeles multiplican tu amor muchas veces y tu amor se convierte en la morada del Cristo vivo para alcanzar a todos con quienes te encuentres.

Jesús dijo: «Un mandamiento nuevo os doy: Que os améis unos a otros; como yo os he amado, que también os améis unos a otros. En esto conocerán todos que sois mis discípulos»[1]. Y así, para asegurarte el discipulado con el Cristo vivo, tu Santo Ser Crístico, y para hacer de tu corazón su morada, debes tener fortaleza en tu convicción de afirmar el amor todos los días sin dejar que nada te aparte del amor de Dios. Porque, como dijo el apóstol Pablo: «Toda la ley en esta sola palabra se cumple: Amarás a tu prójimo como a ti mismo»[2].

Chamuel y Caridad son los arcángeles que nos enseñan a desarrollar las cualidades de la misericordia y la compasión, el cuidado amoroso y el interés hacia los demás. El trabajo de estos arcángeles y sus legiones se corresponde con el chakra del corazón, que representa el amor de Dios, la creatividad y la belleza. Prestan servicio en el tercer rayo, el rayo del amor divino. El color de este rayo va del rosa claro, pasando por el rosa oscuro, hasta el rubí. Chamuel es un nombre que significa 'el que ve a Dios'. Cuando tenemos amor en nuestro corazón también podemos ver a Dios. Chamuel y Caridad son mencionados en varias tradiciones. Algunas fuentes dicen que Chamuel era el ángel que luchó con Jacob y el que fortaleció a Jesús en el huerto de Getsemaní.

## LA ARCANGELINA CARIDAD

La Arcangelina Caridad es la llama gemela del Arcángel Chamuel. Durante siglos ha trabajado para ayudar a los hijos de la Tierra a saldar su karma mediante el servicio a la vida. Ella instruyó a la maestra ascendida Nada, un ser espiritual magnífico, en la última encarnación que Nada tuvo en la Tierra.

Nada era la hija más joven de una familia grande y de excepcional talento. Caridad se le apareció cuando era pequeña y le enseñó a sacar el amor de Dios de su corazón e irradiarlo hacia el reino de la naturaleza para bendecir la vida. Caridad le enseñó a expandir la llama en su corazón para que pudiera ser esencial en la vivificación de los chakras de sus hermanos y hermanas.

Nada apoyó a sus hermanos mientras estos lograban establecerse en sus respectivas profesiones. Su trabajo espiritual interior consistía en cuidar de la llama en el altar de sus corazones mientras ellos usaban sus energías y talentos para realizar una gran contribución a su civilización.

Nada explicó que según las apariencias externas no fue mucho lo que llevó a cabo. Su alegría y su recompensa eterna fue la de sustentar los corazones de su familia para que ellos pudieran tener éxito y la de saber que su servicio había sido esencial para la victoria de ellos. Sacrificó lo que de otra forma podría haber sido una brillante carrera profesional propia y ascendió a la conclusión de esa vida de entrega al amor y servicio abnegado.

## LOS QUERUBINES

Entre los innumerables ángeles que sirven con Chamuel y Caridad en el tercer rayo del amor divino están los querubines protectores. La palabra *querubines* (plural del singular hebreo *querub*) viene del término acadio que significa 'el que reza' o 'uno que intercede'; o del término asirio que significa 'estar cerca'. Así, *querubines* significa los cercanos, asistentes o guardaespaldas. En la tradición rabínica, los querubines son los portadores del trono y los aurigas de Dios. Su función es la de proteger la santidad de Dios.

El islamismo enseña que los querubines cantan continuamente «gloria a Alá» y habitan allá donde el demonio no puede atacarlos. En el cristianismo los querubines están considerados entre los más altos órdenes de ángeles.

Los querubines son los primeros ángeles que se mencionan en el Antiguo Testamento. El Génesis dice que después de que el SEÑOR expulsara a Adán y Eva del Paraíso, «puso al oriente del huerto de Edén querubines, y una espada encendida que se revolvía por todos lados, para guardar el camino del árbol de la vida»[3].

El Antiguo Testamento dice que los querubines portan el

trono de Dios en el Sanctasanctórum, el santuario más íntimo del templo, y describe al SEÑOR diciendo que habita entre los querubines. El SEÑOR ordenó a Moisés que al construir el tabernáculo pusiera un querubín de oro a cada lado del propiciatorio, que es la cubierta del Arca de la Alianza. El SEÑOR dijo a Moisés:

*Y los querubines extenderán por encima las alas, cubriendo con sus alas el propiciatorio; sus rostros el uno enfrente del otro...*

*Y pondrás el propiciatorio encima del arca, y en el arca pondrás el testimonio que yo te daré.*

*Y de allí me declararé a ti, y hablaré contigo de sobre el propiciatorio, de entre los dos querubines que están sobre el arca del testimonio, todo lo que yo te mandare para los hijos de Israel.*[4]

Un comentarista escribe:

*Según los antiguos rabinos, el nombre de un [querubín sobre el propiciatorio] era Justicia y el del otro Misericordia; pero algunos antiguos intérpretes han dicho que aunque habitualmente tenían el rostro vuelto de lado, cuando la paz y la justicia imperaban en el pueblo, se volvían para mirarse e inclinándose hacia delante, se besaban.*[5]

En el Templo de Salomón en Jerusalén, las paredes estaban cubiertas de querubines labrados. El Libro de Ezequiel deja constancia de la visión que tuvo Ezequiel de los cuatro querubines:

*Y miré, y he aquí venía del norte un viento tempestuoso, y una gran nube, con un fuego envolvente, y alrededor de él un resplandor, y en medio del fuego algo que parecía como bronce refulgente, y en medio de ella la figura de cuatro seres vivientes. Y esta era su apariencia: había en ellos semejanza de hombre.*

Ezequiel describió cada querubín como con cuatro rostros, cuatro alas y pezuñas como las de un becerro. Además, dice:

*Cuanto a la semejanza de los seres vivientes, su aspecto era como de carbones de fuego encendidos, como visión de hachones encendidos que andaba entre los seres vivientes; y el fuego resplandecía, y del fuego salían relámpagos.*[6]

Hasta el siglo XI los querubines se representaban con rostros maduros y rodeados de dos a seis grandes alas. Esta imagen estaba pensada para transmitir el espíritu puro, la inteligencia y la rapidez de los querubines. En el arte religioso posterior se representó de forma generalizada a los querubines con rechonchas cabezas infantiles de cabello rizado rodeadas de una serie de pequeñas alas. Así, se perdió el conocimiento original sobre los querubines como los protectores poderosos y ardientes de las alianzas que Dios hizo con su pueblo a través de Moisés.

La Arcangelina Caridad promete que dos ángeles de las legiones de Chamuel y Caridad estarán contigo hasta el momento en que asciendas, siempre y cuando vayas por el sendero del amor divino. Estos ángeles son asistentes de los querubines y servirán como guardianes para protegerte contra la malicia, las calumnias y todos los malentendidos dirigidos contra ti. Su razón de ser es la de adorar la llama que arde en tu corazón, en lo cual se regocijan. Caridad dice que la devoción de estos ángeles aumentará el aura de luz rosa que rodea el chakra de tu corazón.

## EL RETIRO *de* CHAMUEL *y* CARIDAD

El Arcángel Chamuel y Caridad nos dan la bienvenida a estudiar en su retiro etérico del mundo celestial que se encuentra por encima de la ciudad de San Luis. El Gateway Arch, a orillas del río Misisipi, comunica al alma en los niveles internos que ahí está la puerta abierta hacia este gran templo de amor.

Llama a los poderosos arcángeles para que acompañen a tu alma a este retiro y puedas aprender las lecciones necesarias para tu sendero. Necesitamos a los arcángeles y sus legiones para que nos lleven a los retiros, porque para alcanzar la octava etérica debemos pasar por el plano astral, la frecuencia del tiempo y el espacio inmediatamente superior a la frecuencia física. Este reino es muy denso y oscuro porque ha sido ensuciado con los patrones de pensamiento y sentimiento impuros, conscientes e inconscientes, de la humanidad. Sin la guía y protección de los ángeles, nuestra alma puede quedar atrapada en ese reino, por lo cual llamamos a las legiones del Arcángel Miguel para que nos acompañen.

En su retiro, Chamuel y Caridad enseñan lecciones sobre misericordia, compasión y el cuidado lleno de amor. También te enseñan a sustituir la sensación de injusticia en las relaciones con una confianza suprema, confianza en que en realidad no existe la injusticia en ninguna parte del universo, confianza en la resolución suprema que da el amor divino. Esto puede

ocurrir solo cuando tú, con una fe infantil, abandones todos los sentimientos de injusticia y dejes que Dios y sus emisarios repartan la justicia divina.

Chamuel y Caridad te enseñarán a intensificar la llama de amor en tu corazón y a prepararte para el descenso del Espíritu Santo a tu templo. Ellos prometen curar las múltiples capas del aura humana de todos los que les ofrezcan su devoción y servicio:

> *Cada vez que ofrecéis a Dios decretos a la llama violeta y canciones de alabanza y oraciones sinceras de corazón, los ángeles podrán, a su vez, llevarse de vuestra aura y vuestro cuerpo algunos de los pesos que lleváis.*
>
> *Si nos invitáis, iremos a vuestra casa con vosotros. Os ayudaremos con las situaciones difíciles que podáis estar afrontando entre los miembros de vuestra familia. Os ayudaremos con los problemas con vuestros vecinos, vuestros parientes y en el trabajo. Nos fijaremos en todo aquello que os pese más en el corazón. Incluso os ayudaremos a encontrar empleo; ¡o un aparcamiento! Haremos todo lo que nos pidáis, siempre y cuando sea lícito para nosotros ante los ojos de Dios.*

Observa que anteponen a la promesa una condición: «Si nos invitáis...». Los ángeles son bien educados y reverentes. Chamuel dice:

> *Respetamos la ley de Dios de la libertad que garantiza vuestro libre albedrío en todos los asuntos. Así, cuando no llamáis, cuando no invocáis, los ángeles no entran, ni siquiera en tiempos de calamidades, cataclismos o crisis personales.*

*Dios ha puesto su ley en movimiento. Y vosotros que habitáis en este reino, que ha sido llamado el reino de escabel, debéis entender que la Tierra es el escabel de Dios y del cielo. En la Tierra tenéis el control. Pero si lo queréis, si estáis dispuestos a poner a un lado vuestra voluntad humana, ¡entonces Dios en vosotros puede asumir el control! Pero entonces debéis rezar como el Salvador lo hizo, con el amor más puro: «No se haga mi voluntad, sino la tuya». Y cuando lo hagáis, amados, la voluntad de Dios asumirá el mando en vuestra vida y los ángeles sin ser vistos aplicarán esa voluntad paso a paso, a medida que cooperéis con ella día a día.*

## LA ORACIÓN *del* CORAZÓN

Como dice Chamuel, hemos de llamar a los ángeles para que entren en nuestra vida. No obstante, muchas personas han experimentado la intercesión angélica sin rezar a Dios ni a sus ángeles conscientemente. ¿Cómo es que esto ocurre?

En momentos así, en alguna parte de nuestro ser, estamos haciendo o hemos hecho oración interior. Quizá hayamos tenido una continua relación con Dios y sus ángeles en esta o en vidas anteriores, aunque no seamos conscientes de ello externamente. O puede que nuestra alma haya clamado a Dios desde el nivel de la mente subconsciente, implorando por su ayuda.

También existe la oración del corazón que no se formula con palabras, pero llega al trono de gracia y recibe una respuesta inmediata desde el corazón de Dios. Incluso la oración que parte de un deseo omniconsumidor de liberar a seres queridos del dolor y el sufrimiento recibe respuesta por parte de los ministrantes angélicos de Dios.

Ten la seguridad de que Dios siempre responde a la oración del corazón enviándote a sus ángeles ministrantes. Es decir, los ángeles responden a las oraciones desde *cualquier* nivel de tu ser, consciente o inconsciente, cuando intentes comunicarte con Dios pidiendo ayuda. Debido a que él sabe que necesitas ese apoyo tan personal para poder vivir la vida, Dios creó a los ángeles como extensiones suyas en este mundo imperfecto en el que vivimos.

## PROTEGE *el* CORAZÓN

El Arcángel Chamuel y Caridad te invitan a que reces todos los días para proteger tu corazón físico, tu chakra del corazón y tu chispa divina. Dicen que la sensibilidad del corazón hacia las vibraciones buenas y malas es grande, y tanto los pensamientos como los sentimientos quedan grabados en él. Te recuerdan que has de tener cuidado con los espíritus malignos que quieren apagar la chispa de la divinidad que arde en el altar de tu corazón o que quisieran volverte vulnerable a las enfermedades y las dolencias del corazón así como a los ataques al corazón.

Los maestros ascendidos y los arcángeles nos enseñan acerca de la valía del corazón, la protección del corazón, el aquietamiento del corazón y el corazón como centro y apertura hacia Dios. Esto cobra importancia al volvernos más y más sensibles a las vibraciones dentadas del mundo y las energías de guerra y odio. Estas energías dentadas reverberan en el cuerpo, el alma, los chakras, el corazón. Y así nos damos cuenta de lo necesario que es comprender el sendero del corazón. La protección del corazón es la *clave* para lograr niveles más altos de iniciación.

Si alabas a Dios y sus ángeles con la oración y la canción, los ángeles te honrarán y estarán contigo tal como estaban con Jesús, Moisés, Buda y tantos otros que nos han precedido. El Arcángel Chamuel y Caridad son los facilitadores de este auténtico acercamiento de tu alma hacia Dios a través del amor divino. Ellos enseñan el camino de la plenitud, porque solo mediante la restauración de la plenitud podrás afrontar tus aspectos psicológicos.

## RESOLVER *tu* ASPECTO PSICOLÓGICO

Tu alma es la parte de ti que salió de la presencia de Dios cuando ejerciste tu libre albedrío. Así, eres el único que puede salvar tu alma. ¿Cómo puedes dar curación y resolución a tu alma?

El término *niño* o *niña interior* es otra forma de llamar al alma. En última instancia, para llegar a la plenitud, tu niño interior debe unirse a tu adulto interior afectuoso. Y para que eso suceda, tu adulto interior debe amar.

¿Qué hace que el adulto interior no ame? Tu adulto interior está formado y hecho según el modelo de tus padres. Si tuviste padres perfectos, tu adulto interior también será perfecto. Pero si tus padres no fueron perfectos, entonces necesitas trabajar para remodelar tu adulto interior, así como tu niño interior, según el patrón de tu Yo Superior: tu Santo Ser Crístico. Cuando tu adulto interior se vuelve pleno (amando a tu niño interior y a todos con quienes te encuentres), podrás fundirte con tu Santo Ser Crístico.

¿Cómo se cura al niño interior? Lo debes hacer mediante el sagrado corazón de tu Santo Ser Crístico. Tú amas a tu niño interior y liberas a ese niño de los dolorosos recuerdos que han estropeado al alma desde su concepción. Recomiendo varios libros sobre el niño interior para dar este paso tan importante en el crecimiento de tu alma.[7]

Parte de tu adulto interior y parte de tu niño interior (las partes que han llegado a la plenitud por haber sido amadas, por haber hallado el camino) ya se han unido a tu Santo Ser Crístico. Es la parte herida y dañada que tenemos la que no puede unirse con el Ser Crístico hasta que se cura.

Al ir consiguiendo llegar a una resolución con tus padres y con el progenitor interior, ves que hay partes de ti mismo que se curan y se vuelven plenas. Los pequeños porcentajes que se curan pueden ahora unirse a tu Ser Crístico. De esta forma, paso a paso, buscas la curación de tu niño interior y tu adulto interior, y la unión con tu Santo Ser Crístico se produce.

Este proceso de resolución jamás puede estar completo a menos que estés dispuesto a saldar el karma negativo en que has incurrido con aquellos que te son más cercanos. Eso significa perdonar y olvidar, rezar por los demás, sobreponerse a la impaciencia, superar la insensibilidad hacia las necesidades de los demás y el sentimiento de injusticia, ya que en última instancia en ninguna parte hay injusticia.

Todos nos hemos equivocado en el pasado, lo cual necesita que prestemos servicio para liberar a la vida, y eso se refiere a cualquiera que aparezca en nuestra vida. Admitir nuestra responsabilidad para corregir todos los errores del pasado es el primer paso hacia la plenitud en el sendero del amor divino. Ten la actitud de ayudar a los demás, de hacer más de lo estrictamente necesario, y perdonar setenta veces siete.

## LA REUNIÓN *de las* LLAMAS GEMELAS

Las llamas gemelas son complementos divinos. Dios te creó con otra mitad. A partir de un cuerpo de fuego blanco de luz, una esfera de plenitud, Dios creó a dos de vosotros: gemelos, dos mitades pertenecientes a la Totalidad Divina. Mientras vivisteis en los niveles de perfección, siempre fuisteis uno solo. Cuando abandonasteis la presencia de Dios, en algún punto del camino comenzasteis a incurrir en karma con otras personas. Comenzasteis a tener otras relaciones, comenzasteis a discutir con vuestra llama gemela y os separasteis durante largos siglos. Os fuisteis separando más y más. Algunas veces no encontramos a nuestra llama gemela durante muchas vidas. Nos podemos sentir solos sin la «otra mitad», y esa sensación de soledad puede ser intensísima.

La plenitud es un estado de unión con Dios y de armonía con los varios compartimentos de tu propio ser. Al ponerte a trabajar contigo mismo todos los días, liberas tus energías creativas para poder atraer a tu llama gemela. A menos que establezcas una dirección hacia la plenitud en tu vida y hagas de la plenitud interior y exterior una prioridad a diario, corres el riesgo de que tu llama gemela no te reconozca o de que tú no la reconozcas a ella. La plenitud significa esforzarse para ser quien eras al principio, cuando estabas con tu llama gemela, para poder estar hoy juntos en la realidad, no en la ilusión, de tu Verdadero Yo.

El Arcángel Chamuel y Caridad han prometido reunirte con tu llama gemela si obedeces la ley del amor divino y estás dispuesto a saldar tu karma, aunque sea con gran sacrificio y mucho trabajo. Ellos enseñan que la forma de unirte a tu llama gemela es uniéndote primero a tu Presencia Divina. «En esa "Estrella Polar del Ser", en ese imán de fuego sagrado, te convertirás en un sol resplandeciente que atraerá» a tu llama gemela. Ellos dicen que el camino de unión con tu llama gemela es ponerse a trabajar y realizar la tarea que bien sabes que Dios te ha asignado. Aunque no quieras, hazlo con un corazón gozoso, porque ello es tu karma. Alégrate por tener la oportunidad de saldar karma cada día.

Chamuel y Caridad enseñan:

*«Que os améis unos a otros como yo os he amado» es la palabra de vuestro Santo Ser Crístico pronunciada para vosotros y vuestra llama gemela. Porque, duela cuanto duela, estáis separados de vuestra llama gemela solo por un motivo: no os habéis amado mutuamente como Cristo os ha amado individualmente; y por tanto, el karma por no amar ha producido la separación. Que el amor perfecto expulse todo temor a estar solos, separados de Dios y vuestra llama gemela. Invocad la llama violeta con la promesa: «Oh Dios, jamás volveré a herir a mi llama gemela ni a cualquier otra parte de la vida». Si «os amáis unos a otros» como Cristo os ha amado por siempre, así mismo se lo considerará con respecto a vosotros como la expresión de amor por vuestra llama gemela.*

Es decir, con quienquiera que estés, sea cual sea la relación (familia, amistades, parientes, vecinos, colegas, compañeros de trabajo), cuando des a todos el amor que darías a tu llama gemela, ese amor irá a tu llama gemela y contará para la restauración.

Por tanto, cuando te veas con personas, recuerda, Cristo

habita en ellas. Tienen un ángel de la guarda. Da a todos el
amor abundante de tu corazón y sabe que ese amor nunca
se pierde, nunca se desperdicia (sin importar la reacción que
genere), porque el amor divino puro siempre regresa al corazón de Dios después de que lo has enviado a través de aquellos a quienes estás amando.

## SALDAR KARMA

Chamuel y Caridad nos dicen: «Amad a todo cuanto tiene
vida libremente y veréis cómo saldaréis toda injusticia que os
ha separado del amado [la amada] de vuestro corazón»[8].

Muchos no ven por qué deben saldar su karma. «Jesús ya
ha pagado el precio por sus pecados», o eso es lo que les han
dicho; y así es como abandonan su responsabilidad, porque
es difícil, doloroso y desagradable estar atado a alguien o a
alguna situación que no gusta.

Hagas lo que hagas, en el trabajo o en el juego, no te rindas porque alguien te mire de mala manera o te hable de una
forma que no te gusta. Allá donde se haya producido un des-
acuerdo entre ti y otra persona, no te rindas hasta haber buscado el entendimiento, la paz y al menos un respeto mutuo.
Cuando todo lo que se puede decir ha sido dicho, sigue adelante. No puedes forzar a la gente a que le gustes, pero siempre puedes ser amable.

Sigue con esto y salda tu karma prestando servicio para
liberar a la vida, sobre todo a los que están más cerca de ti.
Haz decretos o mantras a la llama violeta con toda la debida
diligencia y dedicación, y poco a poco saldarás ese karma y
no tendrás que lidiar con esa situación ni con esa persona de
nuevo, a menos que incurras en más karma negativo con ella.

Puede incluso que descubras que las cosas entre vosotros han mejorado mucho, porque habrás saldado el karma y habrás trabajado en tu aspecto psicológico, pudiendo ver ahora el valor de continuar con la relación.

Así, es importante aceptar las tareas para saldar karma que Dios te pone. También es importante no mantener un falso sentido de la responsabilidad y quedarse en una situación demasiado tiempo cuando ya has limpiado tu karma y has trascendido la asociación. La aplicación de todas estas directrices te pueden ayudar a saldar el karma que te separa de tu llama gemela.

Quizá estés sentado al lado de tu llama gemela justamente ahora. Tu karma, tanto si es tu llama gemela como cualquier otra persona, bien podría despojarte de la relación por la que llevas esperando toda la vida o incluso vidas enteras. Tu karma también te podría privar de una mayor intimidad con tu principal ángel de la guarda. Sí, el karma te puede robar relaciones profundas y satisfactorias en todos los niveles.

Hasta que no hayas saldado el cien por cien de tu karma, cualquier karma que te quede pendiente es un posible punto de separación y división entre tú y tu Dios y entre tú y tu llama gemela. Aunque muchas llamas gemelas están separadas en la dimensión física, sus almas podrían trabajar juntas en el mundo celestial, en los retiros de los arcángeles y en las universidades del Espíritu.

## PREPARARNOS *para* NUESTRAS PRUEBAS

Alguien con quien no había hablado desde la escuela secundaria me dijo hace poco: «Nos ponen a prueba a todos, ¿verdad?». Y yo dije: «Ciertamente, a todos nos ponen a prueba».

A medida que las pruebas avanzan en esta escuela de la vida, algunas veces pensamos que es imposible distinguir lo que está bien de lo que está mal. En ese momento, cuando todo lo que tenemos es nuestra visión relativa, lo que está mal puede parecer que está bien y lo que está bien, mal. Pero podemos prepararnos para esas pruebas y esas iniciaciones, que siempre son pruebas de amor divino. Podemos prepararnos mediante la oración diaria, una costumbre de ir al corazón de Dios y comulgar con él, manteniendo el contacto con Dios. También deberíamos mantener el contacto con nuestro ángel de la guarda y hablar libremente con los arcángeles.

Si te has extraviado, puedes confesarlo en tu corazón. Luego haz tus oraciones y ponte una penitencia. Dile a Dios y a tu ángel de la guarda: «Quiero corregir esto de verdad. Deja que realice un servicio, que haga oraciones especiales o que vaya a ayudar a la gente de mi comunidad, porque no quiero que esto sea un borrón en mi historial». Si sigues esforzándote para hacer las cosas lo mejor posible, aprenderás de tus errores; y no los repetirás. «Está bien —puedes decir— me he caído en ese hoyo, pero ya no me caeré más en él. Veo la trampa y no caeré en ella otra vez».

La vida es una escuela. Dios espera que cometas equivocaciones. Pero también espera que no las cometas demasiadas veces. Espera que salgas de la rutina y avances, que ejerzas tu fuerza de voluntad interior. Y más que eso, Dios espera que reces pidiéndole que te fortalezca en el momento en que puedas volver a caer en esa rutina.

Sé consciente de tus palabras y acciones e incluso de tus sentimientos hacia los demás. Cuando los ángeles te vean corregirte a ti mismo e intentar hacer las cosas lo mejor posible hacia todos, te darán mucho apoyo y ayuda. Y así, lo que podría haber sido dolor y sufrimiento se convierte en un gozoso desafío día tras días por todo lo que pueda sobrevenirte en tu sendero.

Al llegar a las pruebas o tentaciones, llama a las legiones del amor divino. Ellas pueden acudir con la suavidad de la Madre para consolar a la vida, ataviadas de capas sutiles de luz mientras acarician y fortalecen a aquellos que están cansados por su lucha por la libertad del alma. Dependiendo de su tarea, estas legiones que con amor administran la justicia de Dios también pueden aparecer con vestidos ceremoniales o con toda la parafernalia para la batalla.

## EL JUICIO *del* RAYO RUBÍ

Los arcángeles Chamuel y Caridad fueron quienes desataron el juicio de Dios en la Torre de Babel. Este episodio del antiguo pasado de la Tierra está descrito en Génesis y yo lo he visto en el registro akáshico.* Es realmente impresionante ver el registro de este gran arcángel sobre la Torre de Babel construida por Nimrod para la gloria de Nimrod. El rayo rubí del juicio del SEÑOR bajó a través de Chamuel y, en un instante, la gente hablaba lenguas distintas.

El rayo rubí es una intensificación de la llama rosa. Es una acción intensa, como un rayo láser. Cuando este juicio hubo descendido, todo se volvió un caos. El miedo se tornó en ira, ira contra el SEÑOR y su ángel. Dios, actuando por medio de su poderoso arcángel del tercer rayo, había confundido su habla.

---

*Akasha *es sustancia primordial, o energía etérica, que puede absorber, o registrar, todas las impresiones de la vida. Todo lo que sucede en la Tierra queda registrado en una dimensión conocida como akasha.*

Ya no podían comunicarse unos con otros y así, ya no pudieron conspirar el mal contra Dios y su pueblo.

Nimrod era un ángel rebelde que tenía la ambición de controlar el mundo. Los ángeles rebeldes en altos puestos son una realidad insoslayable del planeta Tierra. Llevan aquí miles de años, desde que perdieron la guerra en el cielo a manos del Arcángel Miguel y sus legiones, quienes los expulsaron a la Tierra. Sus ambiciones no han cambiado y se mueven entre nosotros en el mismo tipo de cuerpo que tenemos nosotros.

¿Siguen los arcángeles y sus huestes librando una guerra contra los ángeles caídos por los niños de la luz? Para responder a esta pregunta nos dirigimos al misticismo judío y el sistema de la cábala.

Las diez *sefirot* (plural) que componen el Árbol de la Vida son extensiones del Dios no manifestado hacia el mundo manifestado. Cada *sefirá* (singular) encarna una cualidad de Dios y juntas exponen los grados de la manifestación divina.

Según un sistema de la cábala, el Arcángel Chamuel encarna a Gevurah, la «justicia divina». Así, Chamuel es percibido como el que reparte la severidad de los juicios de Dios. Pero debemos recordar este pasaje reconfortante de las escrituras: «Porque el Señor al que ama, disciplina, y azota a todo el que recibe por hijo»[9]. Cuando el Señor reparte con amor divino sus castigos, sabemos que Chamuel nos está devolviendo a la Realidad, a nuestro Yo Real, despojados de todos nuestros sentimientos de injusticia humana.

## LA FALSA JERARQUÍA

Los ángeles caídos han intentado crear una falsa jerarquía que se opone a cada ángel y arcángel siervo de la luz. Y así, la guerra continúa. Pero los impostores del rayo del amor divino no tienen opción contra las poderosas e imponentes fuerzas de Chamuel y Caridad y los protectores querubines.

Un vistazo a estas legiones ardientes de color rosa pálido, rosa oscuro y rubí cuando salen del Sol hacia el reino inferior, donde la guerra de la luz contra la oscuridad continúa, basta para *saber* que estás en manos competentes.

Los arcángeles y sus huestes siguen librando una guerra contra los ángeles rebeldes en la tierra y en los planos astrales inferiores, ¡y las legiones de la luz van ganando! Puedes unirte a ellas defendiendo la causa de los niños, los pobres, los que no tienen hogar y todos los que sufren bajo el yugo del karma personal y planetario.

Una vez presencié la protección de un ángel divino y la oposición de un ángel muy oscuro. Estaba estudiando en Boston en aquel entonces y realicé un viaje a Cape Cod. Sentí cómo un ángel del Señor me protegía y ante la presencia de ese ángel bueno, quedé sobrecogida. Al mismo tiempo sentí la fuerza de un ángel caído que estaba intentando arrebatarme la lealtad que tenía hacia el ángel bueno; y observé lo decidido que estaba el ángel oscuro a arrancarme del sendero bueno y derecho.

Si has sentido el poder y la presencia de un ángel que te defendía y has sentido al adversario tentándote, comprenderás que el motivo por el cual a veces nos metemos en problemas es que nos vamos por el camino del ángel malo, el ángel rebelde. Conscientemente rechazamos al ángel de luz y, por tanto, ese ángel se marcha y deja que incurramos en karma tal como queremos. La razón por la cual no todos escapan de las calamidades de la vida o de los pasos mal dados en el camino es porque los ángeles respetan nuestro libre albedrío. Por consiguiente, cuando estés tomando una decisión que tenga grandes consecuencias o cuando llegues a puntos clave en tu vida, comulga con Dios. Escucha la voz interior y ponte tan cerca del altar de Dios como para que tengas el discernimiento de espíritus del Espíritu Santo. Con ese discernimiento realmente diferenciarás lo que está bien de lo que está mal.

## DESAFÍA *las* FUERZAS *del* ANTIAMOR

La fuerza del antiamor es todo aquello que se opone a la manifestación de Dios dentro de ti: cualquier pequeña irritación, cualquier enfado, cualquier discusión, cualquier palabra de enojo, cualquier actitud pasiva que evite que consigas terminar un trabajo. Es cualquier fuerza que sea contraria a la luz en ti, cualquier fuerza que viole la integridad, el honor y la libertad de tu alma. Es todo aquello que va desde el leve disgusto, la crítica y la condenación hasta el odio abyecto.

Chamuel dice que estas fuerzas del antiamor son sutiles, que se encuentran tanto en el subconsciente como por todo el mundo. Se han introducido en la psique mediante las figuras de autoridad, por ejemplo, que hacen que sientas disgusto y condenación hacia ti mismo así como una falta de autoestima. Todas esas cosas negativas forman parte de lo que llamamos fuerzas del antiamor.

El Arcángel Chamuel te enseña a desafiar las fuerzas del antiamor. «La purificación de vuestra casa de la fuerza del antiamor —dice Chamuel— es una forma de preparar vuestra alma para la plenitud y para el otorgamiento de poder de los arcángeles»[10]. Hasta que no te deshagas de esas fuerzas del antiamor, los arcángeles no podrán darte el poder de lograr y realizar todo lo bueno que quisieras patrocinar. ¿Por qué? Porque siempre que permitas que el antiamor forme parte de tu hogar o de tu psique, inesperadamente, en cualquier momento al azar, podrías desencadenar esa fuerza del antiamor y abusar del poder que Dios te pudiera dar mediante los arcángeles.

Así es como toda la humanidad ha perdido el poder que Dios le otorgó. Por eso nuestra vida ha sido acortada hasta setenta años. Actualmente está siendo alargada un poco, pero la Biblia describe cómo la gente solía vivir cientos de años. Algunas personas no lo creen, pero yo sí. En aquella época la gente no abusaba del poder de Dios y por ello tenía poder para alargar sus vidas hasta los 110, 180, 200 años y más.[11]

Si buscas el poder de Dios por una buena causa, para hacer que suceda algo en tu localidad, por ejemplo, necesitas ese poder y esa energía. Necesitas esa abundancia de provisión. Por tanto, tienes que lidiar con las fuerzas que desean dividirte y provocar que pierdas la energía de Dios. Dios es muy conservador con su energía. La pone como una inversión en personas que no se permiten entrar en la discordia, ni se enojan, ni son desagradables con nadie.

## GUARDA *la* VIGILIA CON *los* ARCÁNGELES

El Arcángel Chamuel es enfático. Dice que los siete arcángeles y sus huestes tienen la solución incluso para los problemas más graves de nuestras ciudades y nuestro país, como el crimen organizado, las drogas, el analfabetismo, las bandas callejeras, la deuda nacional, el SIDA. Tienen las soluciones para los elementos psicológicos problemáticos y pueden mostrarte cómo curarlos. Chamuel promete que si guardas la vigilia con los arcángeles, las soluciones a todos tus problemas serán halladas. Chamuel dice:

*¡Yo, Chamuel, junto con Caridad y todas las huestes de Dios, os convoco! No hacen falta veinticuatro horas al día. Hace falta compromiso, aunque sea con una pequeña cantidad de tiempo...*

*Nosotros servimos a aquellos que están más dispuestos a ser servidos porque han abierto su corazón a Dios y tienen una naturaleza devocional. Sin embargo, asistimos a todos, porque el momento de la oportunidad está cerca y esta oportunidad debe ser aprovechada por cada uno de vosotros.*

*Por qué no comprometerse con un mínimo de quince minutos al día, sin falta, para hacer una de vuestras invocaciones preferidas... solo para conservar el lazo con nosotros de forma que tanto si dormís como si estáis despiertos podamos pasar la luz por vuestros chakras y dar resoluciones día a día.*[12]

# CHAMUEL *y* CARIDAD

| | |
|---|---|
| RAYO Y COLOR | *Tercer rayo, del rosa pálido al rosa oscuro hasta el rubí* |
| CUALIDADES | *Amor, creatividad y belleza* |
| CHAKRA | *Corazón; 12 pétalos* |
| COBRA PROMINENCIA EN | *Lunes* |
| RETIRO ESPIRITUAL | *Por encima de San Luis (Misuri, EE.UU.)* |

## PÍDELES:

| | |
|---|---|
| DONES ESPIRITUALES | *Amor, compasión, misericordia, perdón hacia uno mismo y los demás; creatividad; verdadero entendimiento de la abnegación, el amor propio, la autoaceptación, la autoestima; preparación para recibir al Espíritu Santo* |
| AYUDA PERSONAL CON | *Llevarse bien con los demás; reunión con tu llama gemela; comenzar nuevas relaciones y sanar relaciones ya existentes; saber cuándo y cómo dar por finalizada una relación insana; utilizar un lenguaje amoroso; encontrar un empleo* |
| AYUDA EN ASUNTOS INTERNACIONALES | *Sanar relaciones entre razas, credos, naciones, grupos étnicos* |

# COMULGAR con los ÁNGELES del AMOR

## MEDITACIÓN SOBRE EL CHAKRA DEL CORAZÓN

El Arcángel Chamuel enseña que la devoción hacia el Dios Padre-Madre proporciona la protección del corazón y el chakra del corazón. Puedes usar el siguiente mantra para expandirlos y fortalecerlos. Las cuatro líneas que lo forman contienen metáforas y un profundo conocimiento de tu alma, diciendo que tu corazón es una rosa que se está abriendo. La fragancia de tu corazón va hacia Dios como devoción y al enviarla, puedes moverte con esa devoción porque eres parte de ella.

Al hacer este mantra, pon las manos sobre tu corazón y visualiza tu chakra del corazón de doce pétalos abriéndose como una rosa. La fragancia de tu corazón es tu devoción hacia Dios y tu amor por todo el mundo. Envía devoción hacia Dios y luego visualízate unido a todo el océano cósmico de la conciencia de Dios.

Cual rosa que se abre bellamente
y esparce su fragancia por el aire,
así vierto yo mi devoción por Dios,
unido ahora al Océano Cósmico.

Puedes hacer esta oración como un mantra muchas veces al día como forma de mantener el contacto con Dios. Este pequeño mantra es muy profundo. Es uno de esos mantras de amor divino que te protege contra las palabras bruscas, las cosas desagradables o desconsideradas que hieren. Cuando tengas un impulso acumulado de mantras de amor en tu corazón, tendrás el control sobre ti mismo y no dejaras salir cosas que afecten negativamente a la gente. Los mantras de amor son muy importantes.

Al meditar en el Dios del amor cuando repitas estas cuatro líneas, podrás entrar en un éxtasis espiritual que se producirá al enviar el amor de tu corazón.

## ¡MARCHAOS, FUERZAS DEL ANTIAMOR!

Chamuel y Caridad nos han dado un mantra que podemos usar para revertir las fuerzas del antiamor en la Tierra. Chamuel dice: «Estad preparados para afrontar las fuerzas del antiamor que no se marcharán de vosotros voluntariamente. Por tanto, debéis hacer el fíat conmigo: ¡Marchaos, fuerzas del antiamor!»[13].

Cuando hagas este fíat, Chamuel dirigirá la luz por tus chakras y la enviará a todos los países para atar las fuerzas del antiamor en su Gobierno, su economía y todos los aspectos de la sociedad. Ve en tu mente los típicos hitos nacionales como puntos de referencia y añade las legiones de Chamuel y Caridad a esas escenas.

Visualiza la acción teniendo lugar instantáneamente con millones de legiones de ángeles a las órdenes de Chamuel. Utiliza tu tercer ojo para enviar un rayo de luz a todos los países donde las fuerzas del antiamor anden desbocadas. Al ver las noticias puedes tomar notas y grabar las escenas con tu vista interior. Luego apaga las noticias, ofrece a Dios una sencilla oración pidiendo su intercesión en todas las situaciones que hayas visto, y termina con este fíat:

Amado Chamuel,
Te llamo para que hagas este fíat conmigo:
en el nombre de Dios, YO SOY EL QUE YO SOY,
en el nombre Arcángel Chamuel:
¡Marchaos, fuerzas del antiamor!
¡Marchaos, fuerzas del antiamor!
¡Marchaos, fuerzas del antiamor!

# Cómo *te* ayudan *los* ángeles *a* recuperar *el* espíritu *de la* alegría

5

# ARCÁNGEL GABRIEL *y* ESPERANZA

El Arcángel Gabriel es tu amigo. Si hay algo que debas recordar sobre él, es esto. «Soy vuestro amigo», nos dice. «Me conocéis bien. Y cuando me veáis venir y estéis en vuestro cuerpo de luz en las avenidas etéricas, decid: "¡Salve Gabriel, amigo de antaño!". Y nos saludamos como camaradas y nos abrazamos»[1]. En otra ocasión Gabriel prometió: «Soy Gabriel, Consolador de la Vida... Estoy aquí y no os dejaré, a ninguno, hasta que hayáis cumplido con vuestra razón de ser»[2].

El Arcángel Gabriel y la Arcangelina Esperanza prestan servicio en el rayo blanco, que se corresponde con el chakra de la base de la columna. Representa la pureza de Dios, perfección, disciplina, alegría y, por supuesto, esperanza. La Arcangelina Esperanza desplaza la desesperación y nos dota de esperanza.

El retiro de Gabriel y Esperanza se encuentra entre Sacramento y el monte Shasta, en California, en el mundo celestial del plano etérico. Gabriel y Esperanza también prestan servicio en el Templo de la Resurrección, sobre Tierra Santa, y en el Templo de la Ascensión, en Lúxor (Egipto).

Gabriel es un nombre que significa ‹Dios es mi fortaleza› u ‹hombre o héroe de Dios›. Su símbolo es el lirio. En el Antiguo Testamento, el Arcángel Gabriel es el mensajero enviado por Dios para interpretar las visiones de Daniel y darle entendimiento y sabiduría. La tradición judía dice que Gabriel preparó a Moisés y a José, hijo de Jacob, como líderes. En los escritos rabínicos, Gabriel es el príncipe de la justicia. En un sistema de la cábala, Gabriel encarna a Yesod, la novena *sefirá* del Árbol de la Vida. Yesod es el fundamento y representa la fuerza vital procreadora del universo. Los musulmanes llaman a Gabriel el Espíritu de la Verdad. En la tradición islámica Gabriel es descrito como el Ángel de la Revelación que repetidamente vino a instruir a los profetas. Los musulmanes creen que Gabriel fue el ángel que dictó el Corán a Mahoma.

En la tradición cristiana Gabriel es el Ángel de la Anunciación y de la Encarnación. Él patrocina la encarnación del Cristo en cada uno de nosotros. Gabriel anunció a Zacarías que Juan el Bautista le nacería a su esposa, Elisabet. Gabriel anunció a María que daría a luz al Niño Cristo, Jesús, y dijo a José que María estaba en estado. Al nivel del alma, Gabriel también dice a los futuros padres y madres cuándo es el momento de concebir y dar a luz a los hijos.

El Arcángel Gabriel es el ángel de la anunciación de la ascensión. Viene para decirte: «En esta vida Dios ha ordenado que puedes ascender, que puedes reunirte con él para nunca más reencarnar». Y dice:

*Hago esa anunciación a cada hijo e hija de Dios que esté destinado a ascender. La doy a aquellos que están en su última encarnación. Tanto si la oyen como si no, su alma la recibe y eso es lo que les impulsa a saber más y querer más, porque perciben que la reunión con Dios también significa la reunión con la llama gemela y con el Gurú Eterno, que es Dios.*

El Arcángel Gabriel instruye a tu alma sobre cómo puedes recorrer el sendero de la ascensión. El rito de la ascensión —dice— no está reservado a los pocos. Él te enseñará a seguir los pasos de Jesucristo, a saldar tu karma, a servir para liberar a la vida. Gabriel enseña que si sigues el sendero espiritual e invocas la llama violeta, puedes ascender al final de esta vida a menos que un karma severo dicte una última encarnación en la cual se te exigiera que saldaras tu karma restante.

Incluso la ascensión no es un fin, es el comienzo de tu vida eterna como cocreador junto con Dios. Cuando asciendas, ya no estarás más atado a un único planeta ni confinado a un cuerpo de carne. Conservarás tu individualidad, pero tendrás un cuerpo celestial. Te moverás por el cosmos con los Elohim en una creación siempre nueva y autotrascendente. Hay simplemente oportunidad ilimitada y sin fronteras para la expresión de la libertad.

## EL ARCÁNGEL ALEGRE

Gabriel se llama a sí mismo «el arcángel alegre». Dice sin equívoco que existe una guerra que ganar por la salvación de tu alma, una guerra que tú mismo debes librar, pero que este sendero aún puede ser un sendero de perpetua alegría. Gabriel enseña:

*Es obligatorio que os arremanguéis y admitáis que sois res-*

*ponsables de todo paso errado [que jamás hayáis dado en esta y en todas las vidas anteriores]... Dirigiendo la llama violeta... hacia los registros de esos pasos y todos los acontecimientos consiguientes, podéis saldar vuestro karma...*

*A menos que volváis sobre vuestros pasos, otro podrá seguirlos y caer en las trampas de vuestro anterior yo y anterior sendero. Esta es una época en la que los verdaderos buscadores de Dios deben admitir una responsabilidad cósmica por pensamientos y sentimientos sembrados en los vientos.*[3]

Gabriel dice que el sendero que recorréis al cosechar vuestro karma no es un camino de dolor. No es un camino de trabajo pesado. Es un sendero de alegría perpetua porque día a día, por la llama violeta transmutadora del Espíritu Santo, arrojáis al fuego sagrado los escombros de vuestro karma de los siglos.

*En este sendero hay una alegría como ninguna otra que hayáis conocido... ¡Hay alegría en la conquista! Hay alegría cuando se derrota al enemigo que acecha dentro tus propias vestiduras. Ya sea el enemigo de la avaricia, ya sea el enemigo de la indulgencia exagerada con la comida, como la glotonería, ya sea el enemigo del egoísmo o la ceguera espiritual, hay alegría en la conquista. Hay una alegría intrínseca en el llegar a ser todo lo que eres.*[4]

Una cosa que he observado en la alegría es que debemos seguir bombeando el agua del pozo hasta llegar finalmente al agua de la alegría. Hemos de aceptar el espíritu de la alegría si queremos recibir y conservar la alegría de los ángeles. Jesús dijo a sus discípulos: «Para que mi gozo esté en vosotros, y vuestro gozo sea cumplido»[5]. Jesús estaba preparándose para la crucifixión y, sin embargo, habló de la alegría: la alegría de su corazón, su Sagrado Corazón, el corazón ardiente que Dios nos ha dado a todos.

Alimenta los fuegos del corazón con alegría para deshacerte de la dureza de corazón, la crítica, la condenación, el juicio y los chismes sobre los demás. Mantén los pensamientos elevados y cuando veas que se te acercan las personas, no las evalúes ni las juzgues, míralas como a su Yo Real, su Presencia Crística. Ve la luz a su alrededor, a sus ángeles con ellas. Refuerza eso y salúdalas con la misma alegría que tiene Jesús.

Esto requiere esfuerzo. No puedes simplemente pegar los sentimientos de alegría ni confiar en una fórmula o un curso para el éxito. Eres un ser consciente con el potencial de realizar a Dios y tienes el libre albedrío de hacerlo. Si eliges estar de mal humor o ser un inútil, nadie puede hacer nada para evitarlo, ni siquiera un ángel que se pasara el día bailando y haciendo piruetas delante de ti. Si te has decidido y lo has hecho con tu libre albedrío, los ángeles no interferirán.

## CONSERVA *la* LUZ

El Arcángel Gabriel dice que para mantener el espíritu de alegría debes aprender a conservar la luz, porque tu luz es tu alegría y tu alegría es tu luz. «Decidir conservar la luz, tener luz, ser luz, conocer la luz y ser siervos de la luz aun cuando estáis llegando a ser maestros de esa luz, *esta* es la vocación del momento»[6].

¿Cómo se hace? Protege la luz que has reunido no abusando de ella con pensamientos, actitudes y actos erróneos.

Protege la luz del chakra de la base de la columna y de todos tus chakras. Cuando haces las devociones a tu Presencia YO SOY magnetizas esa energía, que asciende desde el chakra de la base hasta el de la coronilla.

Gabriel dice que el espíritu de la alegría llega cuando la luz fluye en tus chakras. Cuando elevas la luz pura del chakra de la base hasta la coronilla y conservas esa luz en tus chakras, puedes ser muy creativo en tu trabajo, en tu casa, dondequiera que vayas. Te llenas de ideas porque esa luz late. Los que conservan la luz de la Madre son las personas más creativas en todos los campos. También son las más alegres. La alegría del corazón es el fuego de la creatividad.

Pide a Gabriel y sus ángeles que te ayuden a mantener y a recuperar el espíritu alegre, igual que te ayudan a recuperar y a conservar la luz. Cuando protejas esa luz tendrás energía, fuerza, vitalidad en tu ser.

Por eso hacemos oraciones y mantras de protección dedicados al Arcángel Miguel. Los ángeles no nos pueden dar lícitamente más luz diariamente de la que protejamos. Si dejamos que la luz se vaya por el desagüe por alguna discusión o discordia o algún problema que tengamos, Dios no continuará vertiendo su luz en nuestro recipiente, un recipiente que continuamente tiene una fuga de luz.

Cuando estás fuerte porque la luz de Dios está en ti, puedes hacer las obras de Dios. Esa luz sustenta todos tus órganos. Sin esa luz en flujo —dice Gabriel— la degeneración, el decaimiento, la enfermedad y la muerte se establecen. Él dice que Dios diseñó el flujo de la luz en tus chakras desde la base hasta la coronilla para mantenerte en un estado de puro éxtasis y alegría así como en perfecta salud.

## PUEDES TRABAJAR *con los* ARCÁNGELES

Hay una cuestión de la cual Gabriel habla con frecuencia: Dios te necesita. «Existe la posibilidad de tener una asociación con los arcángeles de Dios... trabajando hombro con hombro por la Victoria»[7].

Dios en el corazón de un arcángel necesita una orden específica tuya, una palabra tuya para pasar a la acción por ti. Si estás en problemas y necesitas ayuda urgente, simplemente envía un S.O.S. Puedes sencillamente decir: «¡Arcángel Miguel, ayúdame, ayúdame, ayúdame!».

El Arcángel Gabriel nos insta a que oremos continuamente. «La oración perpetua —dice— es la oración del corazón que siempre reza aun cuando estás ocupado con tus asuntos y afrontas todas esas cosas que tu karma requiere»[8].

## AFIANZA *la* LUZ *de los* ÁNGELES

Gabriel enseña que cuando no estás centrado en tu conciencia Crística, los ángeles no pueden usarte para afianzar su luz para salvar la Tierra. Puede que te preguntes cómo puede utilizarte Dios para salvar la Tierra. Gabriel lo explica:

*Hacemos un reconocimiento del planeta... queriendo evitar los desastres naturales, las pérdidas de vida, las epidemias físicas, la manipulación del clima... la peligrosa lluvia radioactiva y la entrada de radiación en las células del cuerpo... Hacemos una lectura en segundos... Mediante la computadora de la mente de Dios buscamos y encontramos aquellas personas que tienen cierto nivel de conciencia Crística e instantáneamente dirigimos el flujo de luz a través de ellos*

*para evitar el cataclismo.*

*Un rayo de Dios, como un rayo detector, es capaz de determinar con precisión en el planeta quién es capaz de recibir esa luz que salvará vidas… Todos aquellos que den la medida de ese grado de luz en ese momento se convierten en instrumentos.*

*Cuando veáis grandes cataclismos… comprended que en esos momentos no había suficientes almas que vibraran al nivel del Ser Crístico [para evitar el retorno del karma de la humanidad al precipitarse este en la Tierra].*[9]

Cuando tienes un buen estado de ánimo, los ángeles te llenan de luz para que puedas sostener el equilibrio espiritual de tu hogar y tu ciudad gracias a esa misma luz que hay en ti. Cuando te tomas un día libre de tus responsabilidades espirituales, ese día podría ser el día en que Dios hubiera querido llenarte de su luz por los demás.

Los ángeles convertirán tu cuerpo en un electrodo de luz. Cuando sientas que esa luz llega, haz un llamado o haz decretos. Multiplica la luz y sabe que Dios no te la da solo para tu propio uso. Te da esa luz porque a tu alrededor hay gente que la necesita y sus chakras y sus cuerpos no son capaces de contener esa luz.

Cuando mires las noticias y veas toda clase de calamidades terribles que sufre la gente, invoca la luz y dirígela hacia esa gente y hacia esa situación. Aunque estés a distancia, a través de las noticias puedes captar una fotografía mental de la situación y puedes dirigir toda tu luz y tus decretos allá, enviando a millones de ángeles en ayuda de esa gente.

Ayudar a los demás hace que la vida merezca más la pena.

Los ángeles están ahí. Tú eres el amado hijo o hija de Dios. Y *puedes* hacer algo por los problemas del mundo. ¡No es *ese* un motivo de alegría!

## GABRIEL ES TU AMIGO

A lo largo de los años he desarrollado una relación muy cercana y personal con el Arcángel Gabriel sencillamente tirándole de las vestiduras constantemente. Tú puedes hacer lo mismo. Solo tienes que cebar la bomba. Hazlo con cualquiera de los arcángeles y verás lo rápidamente que responden a tus llamados.

Quisiera hablarte de una petición que le hice al Arcángel Gabriel. Recibí una llamada de una madre cuyo hijo de unos siete u ocho años de edad había recibido un disparo a corta distancia con un rifle del calibre .30-06 por parte de un matón del vecindario. En cuanto recibí la llamada llamé al Arcángel Gabriel. Hice un llamado intenso y profundo, de corazón, que nunca olvidaré. Tenía la absoluta determinación en mi corazón de que Gabriel vendría y salvaría la vida de este niño. Ni por un momento dudé de ello, porque conozco al Arcángel Gabriel y sé que cumple lo que promete.

Vi a Gabriel salir del Sol en respuesta a mi llamado y descender al lado de este niño. La bala había entrado en el costado derecho del niño, atravesando el hígado y el bazo y pasando a un centímetro del corazón, rompiéndole el codo y alojándose en la muñeca. Guardé la vigilia todos los días. Visualicé a este niño totalmente sano, absolutamente perfecto en todo su cuerpo por donde había pasado la bala.

Una vez al día lo dejaba todo y me concentraba en Gabriel y en este niño, haciendo mis fervientes llamados de corazón a Dios. Alguien tenía que dar a Gabriel la autoridad de actuar e interceder en la Tierra. Esto es la ley del libre albedrío. Cuando estés guardando una vigilia por alguien con un grave problema físico, debes cuidar de la llama al menos una vez cada veinticuatro horas.

Todos los días, durante meses, vi al Arcángel Gabriel atender a este niño mientras este pasaba por operaciones, hospitalizaciones y la convalecencia. Los médicos dijeron que la única razón por la que sobrevivió fueron sus «ganas de vivir». El niño llegó a ser conocido como el niño milagroso del hospital Kootenai de Idaho.

Luego llegó el día en que yo me encontraba en nuestra iglesia de California. Dirigí el servicio matutino de Pascua; y cuando este niño se acercó en la fila con su abuela para recibir la sagrada comunión, le miré con tantísima alegría en mi corazón que no pude aguantar las lágrimas. Todo lo que pude decirle fue: «¿Estás curado?». Y él dijo: «Sí, estoy curado».

## NO TE RINDAS NUNCA

Este incidente reforzó para mí el mensaje sencillo pero profundo que con frecuencia oímos del complemento divino de Gabriel, la arcangelina Esperanza. El mensaje es *nunca te rindas*. Esperanza dice:

> *Comprended por qué la llama de la esperanza es mi misión y mi destino. Porque mantener vivo nada más que un atisbo de esperanza en el corazón de los niños del Sol... es conservar la apertura para la entrada del Señor Cristo o de cualquier ángel o ser cósmico al mundo de esa persona.*

Esperanza dice que ella, Gabriel y sus ángeles trabajan para expandir «una pureza que es como el acero». Ella dice: «¿Podéis imaginaros la luz comprimida tan ardientemente como para que sea más fuerte que el muro más fuerte, más dura que la dureza más dura conocida? Es la concentración de luz lo que hace al aura inmune a la desesperación»[11].

Debes ser inmune a la desesperación. No permitas que la depresión o la sensación de desesperanza se deslice en tu corazón, tu mente o tu alma. Cuando te sientas un poco negativo, un poco desanimado, ponte el tubo de luz* y llama a los ángeles para que aten a esos demonios de la desesperación. Llama a la Arcangelina Esperanza para que te llene de esperanza.

La Arcangelina Esperanza dice que debes tener cuidado con la esperanza falsa y mal ubicada, la esperanza que pones en personas que no están vinculadas a Dios y que solo traen desilusión. Confía en Dios, ten esperanza en él y encomiéndale a todo el mundo, pero no pongas tu confianza y fe en los mortales. Tu esperanza está en Dios; y él no te fallará. La Arcangelina Esperanza enseña:

*Es importar · poner la esperanza dentro del reino de lo posible. Porqu· ·ones tu esperanza continuamente en aquello que no p·· ·v, puesto que va contra la Ley o no es práctico o prob····... pronto estarás perdido en imaginaciones y fantasías en las que nada llega a suceder. Así, amados, el secreto de tener esperanza y regocijarse en la esperanza es tenerla en aquellas cosas que sabes que pueden, deberían, d·ben, serán y son ahora, en el presente, posibles para ti.*[12]

---

*Véase p·· · 58.

# GABRIEL y ESPERANZA

| | |
|---|---|
| RAYO Y COLOR | *Cuarto rayo, blanco* |
| CUALIDADES | *Pureza, disciplina, ascensión, perfección, esperanza, alegría* |
| CHAKRA | *Base de la columna; 4 pétalos* |
| COBRA PROMINENCIA EN | *Viernes* |
| RETIRO ESPIRITUAL | *Por encima de la zona entre Sacramento y el monte Shasta (California, EE.UU.)* |

## PÍDELES:

| | |
|---|---|
| DONES ESPIRITUALES | *Guía en la creación de tu vida espiritual; revelación del plan y el propósito de tu vida; alegría y realización; preparación para tu ascensión, sentimiento de sacralidad* |
| AYUDA PERSONAL CON | *Establecer disciplina y orden en tu vida; organizar tus entornos emocional, mental y físico; nuevas direcciones en tu educación y carrera profesional* |
| AYUDA EN ASUNTOS INTERNACIONALES | *Operaciones de paz; distribución de alimentos, ayuda médica y apoyo para las víctimas de desastres naturales y los provocados por el hombre* |

# COMULGAR con los ÁNGELES de la PUREZA

## EJERCICIO DEL ARCÁNGEL GABRIEL
## PARA SELLAR LOS CHAKRAS

El Arcángel Gabriel enseña un ejercicio para contener la luz de la alegría y sellar tus chakras. Centra tu amor en el corazón. Siente el fuego de Dios intensificándose en tu corazón. Velo como fuego blanco convirtiéndose en rosa, el color del chakra del corazón, el color del amor.

Pon tu mano izquierda sobre el corazón y tu mano derecha sobre la izquierda. Visualízate sacando del corazón con tu mano derecha un disco blanco del tamaño de un platillo. Gabriel llama a este disco blanco «un electrodo de energía».

Con la mano izquierda aún sobre el corazón, pon la derecha tres o cinco centímetros por encima del chakra de la coronilla. Con la mano izquierda estás sacando energía de tu corazón y con la derecha estás poniendo esa energía sobre el chakra de la coronilla.

Ahora cierra los ojos y visualiza este disco blanco sobre la coronilla. Es un disco de luz que carga tu chakra de la coronilla. Puedes mover la mano despacio en sentido horario. Visualiza el disco blanco sobre la coronilla, de fuego blanco intenso tan brillante como la luz del sol sobre la nieve recién caída. Puede que sientas un cosquilleo en el chakra de la coronilla por la luz.

Cuando sientas que has hecho ese contacto y este sea suficientemente intenso (o cuando te sientas listo para continuar), deja la mano izquierda sobre el corazón y mueve la derecha hasta dos centímetros y medio delante del tercer ojo y repite el movimiento y la visualización como lo hiciste para el chakra de la coronilla. Ten una actitud receptiva hacia esta luz. Recibe la luz. Abre el corazón a la luz, abre la coronilla y el tercer ojo.

Si puedes sentir el cosquilleo en el tercer ojo, cuando alcance su punto más fuerte (o cuando te sientas listo), pon la mano derecha delante del chakra de la garganta y haz lo mismo. Cuando hayas realizado esto, mueve la mano hasta dos centímetros y medio sobre el corazón. Respira hondo varias veces. Siente cómo cargas tu corazón, tu corazón físico así como el chakra del corazón. Esto es una acción de protección, una acción vigorizante, una acción que sella.

Cuando hayas terminado con el corazón, dirígete al ombligo, tu chakra del plexo solar. Siente la luz entrar y establecer una paz absoluta a medida que vas moviendo en círculos la mano derecha sobre la zona del ombligo. Abandona todo lo que no sea paz en tu mundo. Que el fuego consuma todos los desacuerdos, las fricciones, los problemas sin resolver. Acepta el don de la paz del Cristo Cósmico en el nivel de tu chakra del plexo solar.

Ahora pasa al chakra de la sede del alma, que se encuentra entre el ombligo y la base de la columna. Visualiza el deslumbrante platillo blanco sobre el chakra de la sede del alma. Tranquiliza a tu alma: «Oh alma mía, ten paz. Oh alma mía, ten paz. Oh alma mía, ten paz».

Ahora dirígete a la base de la columna y sella los cuatro pétalos, el fuego blanco, la luz de la Madre del chakra de la base de la columna.

Ahora, manteniendo la mano izquierda sobre el corazón, levanta la derecha despacio siguiendo la línea de los chakras, deteniéndote brevemente en cada chakra. Puedes hacer esto varias veces, despacio, comenzando por el chakra de la base. Sella y eleva la luz. Haz que suba con tu fuerza de voluntad. Después de elevar la mano derecha hasta el chakra de la coronilla, colócala sobre el corazón otra vez para terminar el ritual. Luego, si así lo sientes, entona el Om. Intenta hacer este ejercicio al despertar. Incluso antes de salir de la cama por la mañana, puedes hacer este ejercicio. Lo puedes hacer cuando quiera que tus chakras necesiten una recarga.

Todos conocemos la sensación cuando estamos en un estado de felicidad y entonces llega alguien muerto de miedo o deprimido. No tienen nada positivo que decir sobre nada ni nadie. De repente te desaparece la sonrisa y te sientes como abatido. El Arcángel Gabriel dice que es entonces cuando necesitas invocar el tubo de luz, pedir la llama violeta y sellar tus chakras con este ejercicio. Dice que puedes hacer esto varias veces al día, especialmente cuando te sientes vacío después de haber estado entre mucha gente.

## LA LUZ DE LA ASCENSIÓN

El Arcángel Gabriel nos enseña que la ascensión es la meta de la vida. Al caminar por este sendero estamos, de hecho, ascendiendo en incrementos cada día con nuestras buenas palabras y obras, con los mantras, con el deseo de nuestro corazón y la luz positiva que enviamos. Cuando hacemos un decreto como el que viene a continuación, una parte de ti regresa a Dios; no se trata de un proceso repentino. Estás participando en el grandioso ritual de nacer de nuevo completamente en el Espíritu como una individualización de la llama Divina. Esto es una afirmación de lo que ha de ser (lo cual significa que siempre ha sido y que es ahora) pero en nuestra experiencia como seres finitos debemos pasar por el proceso, el ciclo, el ritual. Por eso tenemos universo material. Recuerda, «YO SOY la luz de la ascensión» significa «Dios en mí es la luz de la ascensión».

## Ascensión

YO SOY la luz de la Ascensión,
fluye libre la victoria aquí,
todo lo bueno ganado al fin
por toda la eternidad.

YO SOY luz, desvanecido todo peso.
En el aire ahora me elevo;
con el pleno Poder de Dios en el cielo
mi canto de alabanza a todos expreso.

¡Salve! YO SOY el Cristo viviente,
un ser de amor por siempre.
¡Ascendido ahora con el poder de Dios
YO SOY un sol resplandeciente!

# Cómo *te* ayudan *los* ángeles *a* curarte *y a* curar *a los* demás

6

# ARCÁNGEL RAFAEL y VIRGEN MARÍA

*E*l arcángel del quinto rayo es Rafael y la arcangelina es María, la madre de Jesús. ¿Cómo llegó a ser la bienaventurada Madre la arcangelina del quinto rayo?

María ha sido una arcangelina y el complemento divino de Rafael desde el momento en que Dios creó a los arcángeles. Ni siquiera podemos calcular en ciclos de la Tierra o del Sol su presencia eterna en el universo.

Hace muchas eras, Alfa y Omega, el Dios Padre-Madre, dieron a María el cometido, si lo aceptara, de encarnar en forma humana para ser la madre de Jesús. El cometido para Rafael fue permanecer en el cielo y sostener el equilibrio por María, apoyándola desde las octavas de luz mientras ella estuviera en la Tierra.

Y así, María nació en la Tierra y dio a luz a Jesús. Algunos dicen que encarnó varias veces más, en tiempos antiguos, durante las eras de oro de la Atlántida, dando a luz a la misma alma que conocemos como Jesús. Yo entiendo que Jesús ha vivido muchas vidas, tal como nosotros hemos vivido muchas vidas. Al final de su vida como madre de Jesús, con su plan divino realizado, María ascendió. El Arcángel Rafael y María tienen su retiro en el reino etérico sobre Fátima (Portugal). María también presta servicio en el Templo de la Resurrección, un retiro etérico sobre Tierra Santa. El quinto rayo, o rayo verde, es el rayo de la curación, la música, la verdad, la precipitación de la vida abundante, las matemáticas, la ciencia y la Palabra de Dios. Este rayo corresponde a la visión de Dios y el chakra del tercer ojo, justo en la frente. Por medio de este rayo podemos precipitar en la forma todo aquello con lo cual queramos bendecir la Tierra con nuestros esfuerzos, nuestras oraciones y nuestro servicio diligente. Sentimos la expresión del rayo verde con más fuerza los miércoles, día en que muchas iglesias celebran servicios de curación.

### RAFAEL en las RELIGIONES del MUNDO
Rafael es un nombre que significa 'Dios ha curado' o 'la medicina de Dios'. Algunas tradiciones llaman a Rafael el ángel de la ciencia y el conocimiento, y el guardián del árbol de la vida en el jardín del Edén. Textos judíos dicen que Rafael expulsó a los demonios de la Tierra después del diluvio de Noé y reveló a este el poder curativo de las plantas. Muchos comentaristas identifican a Rafael con el ángel que agitaba el agua en el estanque de Betesda, donde Jesús curó al impotente.

El Libro de Enoc describe a Rafael como el ángel que preside sobre las enfermedades y las heridas de los hombres. En este texto, Rafael recibe el cometido de castigar a uno de los ángeles rebeldes y curar la Tierra de sus profanaciones. También se le describe como guía en el inframundo.

Una tradición judía menciona a Rafael como uno de los tres arcángeles que se aparecieron a Abraham en el encinar de Mamre. También se cree que Rafael dotó a Sara de la fortaleza para concebir cuando ya había sobrepasado la edad de hacerlo. En un sistema de la cábala se dice de Rafael que encarna la octava *sefirá*, Hod, que es «majestuosidad» y «esplendor». El poeta Longfellow, en su poema «La leyenda dorada (The Golden Legend), describe al Arcángel Rafael como el Ángel del Sol.

Son infrecuentes antes del siglo XVI las evidencias sobre la veneración al Arcángel Rafael. En el siglo XVII la Iglesia con frecuencia le dedicaba misas. El día de San Rafael es el 29 de septiembre. Es conocido como el principal de los ángeles de la guarda y el patrón de los viajeros.

En las obras de arte, Rafael es representado con frecuencia con sandalias y sosteniendo el cayado del peregrino, una imagen derivada de su función en el Libro de Tobit. Estas escrituras están incluidas en la Biblia católica, mientras que en la tradición protestante se encuentra entre los apócrifos. Los eruditos creen que Tobit fue escrito en el siglo II o III a.C. Durante este período del judaísmo, la reverencia hacia los ángeles estaba en aumento. En el Libro de Tobit, Dios envía a Rafael para aliviar el sufrimiento de una familia israelita pía que vivía en el exilio.

## CAMINAR *con* RAFAEL

El Libro de Tobit cuenta la historia del joven Tobías y su padre, Tobit, que es ciego. Tobit envía a Tobías a recuperar un dinero depositado en una ciudad lejana. Rafael, bajo la apariencia de un viajero conocedor, se ofrece como guía. Acompañados por el perro de Tobías, se ponen en camino juntos. En la primera noche, cuando Tobías va al río a lavarse, es atacado por un pez. Rafael le dice que atrape al pez y le quite la bilis, el corazón y el hígado. Tobías se lo lleva consigo durante el resto del viaje de 520 kilómetros hasta la capital de Media, al este de Asiria.

Durante el camino Rafael le dice que su pariente, Sara, a quien ha de conocer en la ciudad, debe ser su prometida. Tobías protesta porque los siete esposos anteriores de Sara han muerto la noche de bodas a manos del demonio Asmodeo. Rafael le da a Tobías una fórmula prometiéndole que esta exorcizará al demonio de Sara. «Cuando entres en la habitación nupcial —dice Rafael— toma el hígado y el corazón del pescado, y colócalos sobre las brasas en que se quema el incienso. El olor se esparcirá; y cuando el demonio lo huela, saldrá huyendo y nunca más volverá a su lado».

El valiente Tobías se casa con Sara, entra en la habitación nupcial armado con el corazón y el hígado del pescado y sigue las instrucciones de Rafael. Mientras tanto, el padre de Sara cava una tumba para su yerno. Como profetizó el ángel, el hedor del pescado hace huir al demonio por el aire hacia Egipto. Rafael persigue al demonio y lo encadena.

Los padres de Sara, exultantes debido a que Tobías ha sobrevivido, dan a la nueva pareja la mitad de sus posesiones y les regalan una extensa fiesta de bodas. Durante la celebración, Tobías envía a Rafael a recuperar el dinero de Tobit. Tras catorce días de fiestas, los recién casados y Rafael emprenden camino hacia la casa de Tobit. De camino, Rafael sugiere que él y Tobías se adelanten para que los padres de Tobías dejen de preocuparse por él.

Con la promesa de que su padre volverá a ver, Rafael le dice: «Úntale en los ojos la hiel del pescado. La medicina escocerá y saldrá una piel fina blanca de los ojos. Tu padre recobrará la vista y verá otra vez la luz».

En cuanto llega a casa, Tobías aplica la pasta con los restos

del pescado sobre los ojos de su padre. Le arranca la fina piel y su padre exclama: «¡Por fin te veo, hijo mío, luz de mis ojos!».

Agradecido, Tobías ofrece la mitad de sus posesiones a Rafael, quien las rechaza y luego anuncia a Tobías y a su padre: «Fui enviado para poner a prueba vuestra fe y al mismo tiempo Dios me envió para curarte a ti y a tu nuera, Sara. Soy Rafael, uno de los siete ángeles que siempre están preparados para entrar en la presencia de la gloria del Señor. Bendito sea Dios para siempre.

»Cuando estaba contigo, no actuaba de mi voluntad, sino por voluntad de Dios. Bendito sea todos los días. Canta sus alabanzas. Ahora subo al que me envió. Escribid todas estas cosas que os han sucedido»[1].

Una pintura del siglo XV de Francesco Botticini muestra a Tobías caminando y hablando por el camino con los ángeles, tan desenfadado como cualquiera que camine por la calle hoy día. Tobías va de la mano con Rafael, sin estar intimidado en absoluto por el hecho de ir caminando con un ángel (véase página anterior). Gabriel está a la izquierda de Tobías y el Arcángel Miguel a su derecha. Juntos van felizmente por el camino, contentos. Esto es exactamente lo que Dios quería que ocurriese, que sintieses que puedes darle la mano a un ángel y caminar por la calle, contarle todos tus problemas y sincerarte con él.

## RAFAEL el SANADOR

El Arcángel Rafael y María trabajan con los sanadores de todos los campos. Inspiran nuevas curas y métodos alternativos de curación en científicos, personas con preparación en las artes curativas y en los de la profesión médica. Hay muchas vías de curación que tienen validez. Si aprendes algo de ellas, puedes elegir el mejor practicante y los mejores cuidados para enfermedades específicas. No dudes en obtener varias opiniones.

Sea cual sea la vía curativa que explores, no descartes los cuidados médicos convencionales. Cuando tengas una enfermedad grave en tu cuerpo, considera todas tus opciones. Dios ha proporcionado curas maravillosas a través de la ciencia médica que han sido dispensaciones de gracia que han extendido la vida y han hecho que nuestra vida diaria merezca la pena. Digo esto porque mucha gente cree que con la oración basta. Creo que debemos rezar constantemente mientras utilizamos la tecnología más avanzada en las artes curativas. Los ángeles de Rafael están con las facultades de medicina y con científicos e innovadores en cada rama de la salud. Rafael dice que sus ángeles usan la «tecnología láser» para «penetrar en el núcleo de la célula... y expandir la llama violeta desde dentro» así como para «sellar esa célula en la forma de pensamiento curativa»[2].

Podemos pedir a los ángeles que acompañen a médicos, quiroprácticos, sanadores de todo tipo. Llama especialmente a Rafael y María y a sus ángeles de curación, pues son maestros cirujanos. Reuniendo todas las cosas del cielo y la tierra, obtendremos los mejores resultados.

## CURAR CUERPO, MENTE y ALMA

Rafael ha dicho: «Venimos para curar el alma, para curar la mente, para curar el corazón, sabiendo muy bien que todo lo demás llegará a continuación como curación del cuerpo... La única curación permanente, aquella que nosotros otorgamos, es una curación para la plenitud tanto espiritual como física»[3].

La Virgen María nos enseña:

*Acordaos de llamar a Dios, a nosotros y a muchos ángeles*

*para que llevemos la curación allá donde sea posible. Y si la
Ley no la permite en la carne, entonces pedid... la curación
del alma y el espíritu para que pueda remontar el vuelo
saliendo del cuerpo al final y entrar en nuevos planos de
gloria y edificación como preparación para una ronda final
[en la Tierra antes de] la ascensión. Lo que queremos es la
curación del hombre en su totalidad.*[4]

Los ángeles pueden realizar solo aquello que el karma
permita, a menos que por un acto de gracia o por las oraciones de muchos ese karma se pueda poner a un lado. Rafael
nos dice que pocos creen en la ciencia del karma. Muchos no
entienden el papel clave que juega el karma en lo concerniente a si la enfermedad de una persona pueda curarse. El
factor *x* de la ecuación que determina si una persona se recu-
perará o fallecerá con frecuencia es la circunstancia kármica.[5]

El karma siempre llega en momentos inoportunos. Nunca
he visto el karma descender sobre nadie cuando era conve-
niente. Ese es un buen motivo para no incurrir en karma
negativo. El karma retorna en ciclos tan extensos que podrían
pasar diez mil años antes de que te encontraras con el karma
en el que incurriste en la Atlántida o en antiguas civilizacio-
nes. Cuando llega ya no puedes comprender por qué Dios te
hace tal cosa, cuando en realidad el karma no es nada más
que las causas que tú has puesto en movimiento y que siempre
regresarán a su punto de origen.

Algunas veces —explica Rafael— la Ley decreta que el
karma ha de ser saldado ahora. Si no te preparas mediante la
oración devocional, con un corazón contrito o invocando la
llama violeta, o si estás desprovisto de alegría en tu trabajo, te
podrías encontrar sin suficiente luz de Dios en tu reserva para

consumir la oscuridad que repentina y rápidamente pudiera aflorar en tu cuerpo.

A veces las personas se encuentran en otros niveles, habiendo fallecido repentinamente porque no fueron capaces de contener la luz necesaria para mantener su cuerpo con vida. Te puedes preparar para ese día de urgente necesidad acumulando la luz en tu cuerpo y saldando tu karma mediante el servicio a la vida.

Rafael dice: «Este es el verdadero significado de "trabajad entre tanto que tenéis la luz"[6], que Jesús dijo a sus discípulos». Mientras *puedas* servir a la luz y *puedas* saldar karma, hazlo. Utiliza esos años para acercarte más y más a Dios. Rafael aconseja: «Saldad vuestro karma mientras tenéis las fuerzas» y «podéis cambiar vuestra ecuación kármica personal»[7].

Rafael dice que cada uno de nosotros, como almas desnudas, debemos afrontar a nuestro Dios y nuestro karma. Por tanto, aprenda bien nuestra alma. Los poderes de intercesión están disponibles pero hay un precio a pagar.

*No penséis que la llama violeta puede invocarse para trans-mutar hoy alguna mancha o imperfección en la conciencia y luego, cuando uno está libre y curado por la llama violeta, volver a transigir con el mismo patrón de pecaminosidad e invocar la llama violeta una y otra vez [para transmutar los pecados repetitivos].*[8]

Si abusas de la llama violeta y la tomas a la ligera, entonces poco a poco la Ley decretará que ya no se te conceda más la llama violeta. Para dejar de pecar se requiere tu fuerza de voluntad enganchada al poder de la voluntad de Dios. Si tu corazón es recto y estás decidido, la llama violeta eliminará para siempre el pecado y el borrón del pecado que está en tu registro.

Algunos practicantes de la curación utilizan la oración, la hipnosis o el poder mental para negar que una enfermedad exista. «Simplemente di que no es real y no existirá». Las enfermedades se pueden curar mediante la negación. Pero los maestros ascendidos nos dicen que la negación simplemente empuja la enfermedad hacia el cuerpo astral o el doble etérico, donde el karma está alojado.

Cuando se hace esto, la persona está bien en apariencia, se siente bien y no experimenta la enfermedad de su karma, pero no ha saldado su karma. El karma resulta en enfermedad para que la persona pueda llevar su carga y no tenga que seguir llevándola en la siguiente vida. Rafael explica los peligros de tales métodos de curación:

*Una persona puede curarse repentinamente de migrañas mediante hipnosis u otras prácticas denominadas metafísicas... Esto puede producirlo con bastante facilidad el que tiene práctica, adepto en los usos de métodos tales. Pero... en tales practicantes se acumula un gran karma cuando la llama violeta no es utilizada para consumir el registro de la causa y el núcleo de ese karma.*[9]

Eliminar los síntomas de la enfermedad sin eliminar el registro de su causa en esta o en una vida anterior causa un gran perjuicio al alma. Y la persona que consiente la fácil «cura» se encontrará en algún momento, en algún lugar, en esta o en una vida futura, el mismo problema que saldrá a la superficie para que sea afrontado como karma que ha de ser transmutado, antes de que los síntomas físicos desaparezcan permanentemente.

La tradición occidental no enseña que todos somos responsables del ejercicio que hacemos del libre albedrío, de cómo usamos la luz de Dios que nos fluye por el cordón cristalino que ves en la Gráfica de tu Yo Divino (página 9). Lo que hagamos con esa luz y energía, cómo la cualifiquemos negativa o positivamente, determina lo que afrontaremos mañana, dentro de diez años y más allá de esta vida.

Cada uno de nosotros puede ser curado si aplicamos la llama violeta a nuestros problemas físicos, mentales y psicológicos debido a que la llama violeta se nos da para la transmutación del karma. Puedes transmutar tu karma antes de que el día empiece, cuando habrías de sufrir alguna calamidad debido a ese karma. Haz decretos de llama violeta durante quince minutos o media hora cada día. Sirve a la vida, haz tu trabajo con alegría, ayuda a la gente, ten una actitud mental positiva y da eso mismo a los demás. Eso es una actitud para saldar karma. La llama violeta acelera el saldar del karma.

## MARÍA, REINA *de los* ÁNGELES

María es un nombre que significa 'amada de Dios'. En la tradición cristiana hay indicios del sitio que ocupa María en la jerarquía angélica. En el texto apócrifo «El libro de Juan el Evangelista», Jesús describe a María como un ángel: «Cuando mi Padre pensó en enviarme al mundo, envió a su ángel delante de mí, de nombre María, para recibirme»[10]. En la teología católica, María es conocida como la «Reina de los ángeles».

La devoción a María ha sido asociada a miles de curaciones milagrosas, especialmente en Lourdes (Francia), en Medjugorje (Bosnia y Herzegovina) y en otras localidades donde se ha aparecido. La Virgen María nos dice:

*Mi servicio a la Tierra depende directamente del llamado de los devotos. Y el llamado que se oye más frecuentemente, como bien sabéis, es el Ave María. Ha habido tanta controversia sobre el cargo de la Madre de Dios, confundiendo el cargo con mi persona y considerando que, de alguna forma, con esta salutación lo humano se hace divino.*

*Amados, quisiera deciros por qué exactamente comenzó la tradición de la llamada a mí. No es por mi persona, sino por mi cargo. Es el cargo que ocupo como Arcangelina del Quinto Rayo. Y sobre este cargo el amado Alfa ha puesto una autoridad para la intercesión divina.*

*El llamado dirigido a mí recibe la respuesta de millones de huestes del Señor que llevan la llama de ese cargo, que cuidan del cargo, que van a la Tierra a socorrer a las almas en mi nombre. Por tanto, el llamamiento a María... es un llamamiento al Rayo de la Madre y a la arcangelina del quinto rayo. Pero más específicamente, es un llamado científico a ese punto en el que tengo contacto con la divinidad de nuestro Padre y de Brahmán, y de la Palabra que yo también he llegado a ser...*

*No soy solo vuestra Madre sino amiga vuestra muy personal. Os pido que me deis la mano, que me llevéis a vuestra casa, que me aceptéis como vuestra amiga, no como una deidad lejana, un icono... sino sencillamente como la sierva del Señor... Soy alguien con quien podéis sentiros cómodos. Me sentaré a la mesa de la cocina y me tomaré una taza de té con vosotros. Recibiré cualquier ofrenda que para vosotros tenga valor, la llevaré a mi corazón y os la devolveré con toda la consagración de mi amor. Os ayudaré en vuestras tareas diarias...*

*Soy madre de vuestro corazón. Soy una organizadora, una*

*administradora. Soy una sacerdotisa; y también encabezo ejércitos del cielo. Me podéis conocer en uno o muchos de mis cargos pero, por encima de todo, recordad que os ayudo en vuestro sendero de gestión personal, la organización de vuestra vida, el establecer prioridades, el uso de las horas y de vuestra fuerza.*[11]

## MI CONVERSIÓN PERSONAL *a* MARÍA

Me crie con padres europeos de formación luterana, estrictamente protestante. De muy niña tuve experiencias espirituales, como recuerdos de vidas pasadas, y fui de iglesia en iglesia buscando a alguien que me pudiera enseñar cosas de Dios. Me encantaba la Iglesia Católica. Para cuando estaba en la universidad ya me habían inculcado que no era correcto llamar a los santos. Cuando vi a la Virgen María representada en el metro con el título de «Reina de los ángeles», mi corazón se preguntó cómo podía ella permitir que la gente la tratara como a un ídolo.

Un día iba caminando por Commonwealth Avenue, en Boston. Miré al cielo azul y vi en frente de mí a María, la madre de Jesús. Era tan libre, tan ligera, como una hermosa doncella. Por su apariencia podría haber sido mi hermana. Vestía de blanco y tenía la más bella sonrisa. Yo estaba emocionadísima, porque con solo una mirada todo ese prejuicio programado se cayó. Estaba tan feliz de haber encontrado a la verdadera Virgen María.

No caminé, *corrí* hacia la iglesia católica más cercana. Estaba tan contenta por poder arrodillarme ante su estatua sabiendo que no lo hacía ante un icono, sino ante una persona real que había detrás, un ser celestial y la madre de mi Señor. Me arrodillé ante ella y le pedí perdón por mi estado de conciencia. Le prometí mi vida y todo lo que hiciera. Quería ser su amiga y su sierva. Y así comenzó mi larga asociación con María.

## ROSARIOS PARA *la* NUEVA ERA

En 1972 María me dictó una serie de rosarios, uno para cada día de la semana, para la mañana y para la tarde. Son oraciones magníficas que alternan el Ave María con lecturas de las escrituras y oraciones dictadas por los maestros ascendidos. Cuando la Virgen María me dio estos rosarios, dijo: «Así quiero que digas el Ave María». La oración que dicen los católicos termina con las palabras: «Reza por nosotros pecadores, ahora y en la hora de nuestra muerte». La Virgen María dijo:

*No sois pecadores; sois hijos e hijas de Dios. Puede que hayáis pecado pero no sois pecadores. No me necesitáis en la hora de vuestra muerte; me necesitáis en la hora de vuestra victoria sobre el pecado, la enfermedad y la muerte. Entonces es cuando tenéis que llamarme para que os dé mi refuerzo y mi protección.*

Así me pidió que se hiciera el Ave María:

### Ave María

Ave María, llena eres de gracia,
    el Señor es contigo.
Bendita tú eres entre todas las mujeres
    y bendito es el fruto de tu vientre, Jesús.

Santa María, Madre de Dios,
    ruega por nosotros, hijos e hijas de Dios,
    ahora y en la hora de nuestra victoria
    sobre el pecado, la enfermedad y la muerte.

# RAFAEL y MARÍA

| | |
|---|---|
| RAYO Y COLOR | *Quinto rayo, verde* |
| CUALIDADES | *Verdad, curación, plenitud, ciencia, música y vida abundante* |
| CHAKRA | *Tercer ojo; 92 pétalos* |
| COBRA PROMINENCIA EN | *Miércoles* |
| RETIRO ESPIRITUAL | *Por encima de Fátima (Portugal)* |

## PÍDELES:

| | |
|---|---|
| DONES ESPIRITUALES | *Plenitud, visión, vista espiritual, inspiración de la verdad* |
| AYUDA PERSONAL CON | *Curación de cuerpo, mente, alma y espíritu; inspiración para el estudio y la práctica de la música, las matemáticas, la ciencia, la medicina convencional y alternativa; satisfacción de necesidades físicas (comida, ropa, alojamiento, fuente de ingresos, herramientas para tu oficio)* |
| AYUDA EN ASUNTOS INTERNACIONALES | *Reparación de desavenencias entre países, curación de los heridos en el campo de batalla, inspiración de nuevas curas para las enfermedades* |

# COMULGAR con los ÁNGELES de la CURACIÓN

## UNA FORMA DE PENSAMIENTO PARA LA CURACIÓN

La forma de pensamiento curativa fue creada por los arcángeles para concentrar e intensificar la luz curativa de Dios en cualquier parte del cuerpo. Compuesta de esferas concéntricas de fuego sagrado blanco, azul zafiro y verde esmeralda, se formuló para restaurar el arquetipo interior y la plenitud divina cuando se visualiza rodeando las células y los átomos del cuerpo o de un órgano específico y penetrando en ellos.

La esfera blanca de la forma de pensamiento proporciona la energía purificadora para establecer la geometría de la forma original y perfecta que Dios diseñó. La esfera azul es para proteger y es la acción de la voluntad de Dios. Convoca a átomos, moléculas y células a que se conformen según el arquetipo original. La esfera verde es la esfera curativa. Mezclándose con la acción de la llama violeta, es el milagro de la vida inmortal de Dios que restaura el flujo del Espíritu por la materia y la cura.

Para utilizar la forma de pensamiento curativa, usa el ojo de tu mente para visualizar el órgano físico o la parte del cuerpo que necesita curarse. Si tienes a mano un buen libro de anatomía, puedes mirar las ilustraciones para obtener una imagen mental exacta. Visualiza la energía de la forma de pensamiento penetrando en las células, las moléculas, el mismísimo núcleo de los átomos de la parte del cuerpo en la que pongas tu atención.

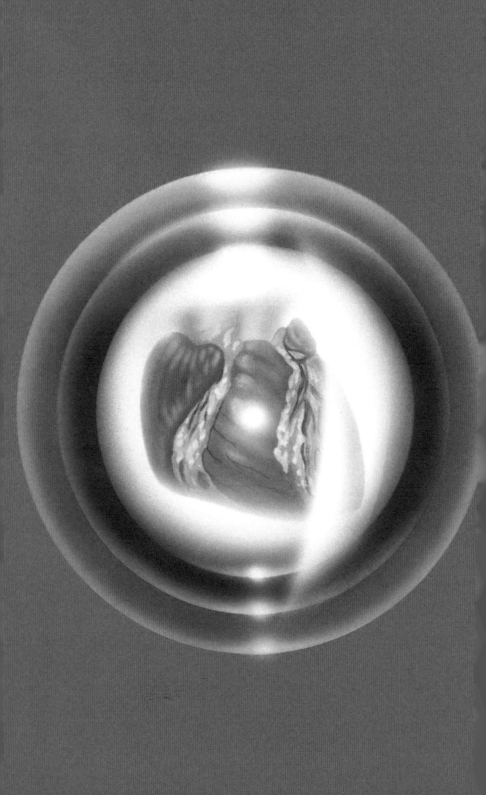

## VISUALIZACIÓN Y CURACIÓN

Rafael trabaja con el tercer ojo y te da el poder de visualizar la plenitud en ti y en los demás. Cuando alguien esté enfermo o se sienta apesadumbrado por un accidente, utiliza el tercer ojo para visualizar la perfección. Visualiza el cuerpo curado. En vez de ver el problema, visualiza los resultados que desees. Cuando desarrolles el tercer ojo y lo uses para conseguir el poder de la visión pura, te convertirás en un sanador bajo las legiones de Rafael y la Virgen María.

A esto lo llamamos «mantener el concepto inmaculado», una ciencia que enseña la Virgen María. María nos enseña a utilizar nuestro tercer ojo para ver lo mejor, lo más hermoso, la concepción perfecta de cualquier parte de la vida. Cuando miras a alguien con ojos de amor, con el ojo de Dios, ves en esa persona lo mejor de lo mejor. Ese amor sostiene la imagen que tienes de su perfección y le ayuda a llegar a serlo.

Si estás con un ser querido que está herido por haber tenido un grave accidente, lo más importante que puedes hacer es seguir concentrado en la imagen perfecta. Mantenla firme en tu mente. Luego repite el siguiente mantra:

> YO SOY, YO SOY quien observa Todo,
> mi ojo es único mientras imploro;
> elévame ahora y libérame,
> que tu santa imagen pueda ser

Este mantra ayuda a disciplinar la mente y las emociones. Te fortalece para cerrar la puerta a tus miedos más grandes y para cerrar tu mente a todo excepto las afirmaciones más positivas. Aquieta cualquier ansiedad, dudas y temores que puedas tener. Mantén el ojo enfocado en la imagen de la perfección, sin permitir que se aleje de esa imagen.

Sea lo que sea que desees manifestar, velo y visualízalo con una concentración total durante la crisis inicial, después cada quince minutos y luego cada hora. Ve a un lugar tranquilo y haz tu trabajo como un alquimista, usando la llama violeta, usando la mente de Dios que tiene un poder más grande que cualquier cosa en este mundo. Mantén la forma de pensamiento curativa en tu mente hasta excluir todo lo demás y refuérzala con decretos correspondientes a cada uno de los elementos de la forma de pensamiento: la luz blanca, el azul de protección y del arquetipo divino y el verde de curación.

## LA LLAMA DE CURACIÓN VERDE ESMERALDA

El siguiente decreto es específico para la curación. El decreto incluye un preámbulo que llama a Dios, dirige y pide intercesión. El cuerpo del decreto da continuidad a la acción porque al repetirlo bajas la luz de Dios.

Cuando hagas un preámbulo, envía devoción a raudales hacia Dios y sus ángeles. Al hacerlo, ellos enviarán curación y luz como respuesta en la corriente de retorno. Tienes que abrir la avenida hacia Dios y esto se hace mediante la devoción. Así es que imagínate abriendo un sendero a través de la sustancia turbia del plano de la tierra y toda la densidad y las vibraciones negativas de tu ciudad.

Imagínate escavando un túnel de luz directamente hacia el corazón de Dios. Refuerza esa apertura todos los días para sentir que tienes la comunicación con Dios abierta todo el tiempo.

## Llama de Curación

Amada, poderosa y victoriosa Presencia de Dios, YO SOY en mí, oh tú amada, inmortal y victoriosa llama trina de verdad eterna dentro de mi corazón, Santo Ser Crístico de toda la humanidad, amados Alfa y Omega, amados Helios y Vesta, Arcángel Rafael y los ángeles de curación, amado Jesús el Cristo, Virgen María y Saint Germain, en el nombre de la Presencia de Dios que YO SOY y mediante el poder magnético del fuego sagrado del que estoy investido, yo decreto:

1. Del verde más intenso es la Llama Curativa,
   totalmente serena YO SOY la Presencia Divina,
   a través de mí, vierte tu luz de Misericordia,
   que ahora la Verdad todo lo corrija.

Estribillo: Milagro de la llama de consagración,
   que mi mente medite ahora en ti
   para mi hermano un servicio mejor

y la plenitud de todo tu Poder.
Curación de la llama de la consagración
mantén mi ser de curación colmado,
la misericordia sella a todos mis hermanos
por la gracia del Deseo de Dios.

2. Llama de Curación, llena mi cuerpo,
vida vibrante renace en mí;
Dios en mí, hazme íntegro,
YO SOY quien cura a todas las almas.

En la invocación que hagas, puedes pedir esta acción curativa para una persona o para diez mil. Recuerda que siempre puedes aprovechar al máximo tu llamado. Usa el poder de tu visión para visualizar cada palabra teniendo lugar y manifestándose. Acepta esa acción con plena fe para ese ser querido. No tengas la más mínima duda, porque los ángeles de curación están trabajando. Luego di este decreto con la autoridad de la Palabra de Dios en ti. Cuando hayas usado este decreto un rato y conozcas las palabras, puedes decirlo con los ojos cerrados y con toda tu atención en la visualización de lo que deseas ver físicamente manifestado.

He recibido montones de testimonios de gente de todo el mundo que ha sido curada por los llamados a Dios y la intercesión de los ángeles. No hay duda de que esta ciencia funciona.

# Cómo *te* ayudan *los* ángeles *a* crear cambios personales *y* planetarios

7

CAPÍTULO

7

# ARCÁNGEL URIEL y AURORA

*A*llá donde vayas, incluso en el espacio exterior, puedes encontrarte con los ángeles. La revista *Parade Magazine* contó esta historia sobre un encuentro con los ángeles:

> *Seis cosmonautas soviéticos dijeron haber presenciado el más asombroso espectáculo jamás visto en el espacio: un grupo de ángeles brillantes con alas del tamaño de aviones Jumbo. Según* Weekly World News, *tres cosmonautas explicaron que vieron a los seres celestiales en julio de 1985 después de haber pasado 155 días a bordo de la estación espacial* Salyut 7. *Según dijeron, vieron siete figuras gigantescas con forma humana pero con alas y halos nebulosos y redondos rostros sonrientes como querubines, como en la representación clásica de los ángeles. Doce días más tarde las figuras volvieron y fueron vistas por otros tres científicos soviéticos y una mujer cosmonauta. «Sonreían —dijo ella— como si compartieran un glorioso secreto».[1]*

No subestimes nunca dónde puedas encontrarte con un ángel. Harán sentir su presencia allá donde haya un corazón receptivo, porque aman a todo el mundo, en todas partes.

Uriel y Aurora son el arcángel y la arcangelina que prestan servicio en el sexto rayo de la paz, la hermandad, la ministración y el servicio de Dios. La administración de la justicia divina también está asociada con este rayo. El color del rayo es morado y oro moteado de rubí. En la Arcangelina Aurora este color puede parecer más como el rayo de brillo rosa dorado del amanecer. El trabajo de Uriel y Aurora se corresponde con el chakra del plexo solar, el lugar del deseo y el lugar supremo de la paz. Su retiro se encuentra en el mundo celestial, aproximadamente por encima de los montes Tatra, al sur de Cracovia (Polonia).

## ÁNGELES *de la* PAZ *y la* HERMANDAD

Uriel es un nombre que significa 'fuego de Dios', 'llama de Dios' o 'Dios es mi luz'. La tradición judía llama al Arcángel Uriel «uno que trae la luz a Israel».

El Arcángel Uriel no aparece en la Biblia pero se lo menciona en otros textos judíos y cristianos, donde se lo identifica invariablemente como un serafín, como uno de los querubines que Dios puso al este del jardín del Edén, como un ángel de la presencia o como el vigilante del mundo y de la parte más baja del Hades. En el Libro de Enoc, Uriel es uno de los cuatro ángeles principales junto con Miguel, Gabriel y Rafael. En ese texto Uriel es el guía de Enoc en sus viajes por el cielo y el inframundo. Algunas tradiciones dicen que Uriel avisó a Noé del inminente diluvio y que fue enviado a enseñarle cómo sobrevivir al diluvio.

Se describe a Uriel como el intérprete de las profecías y con frecuencia es representado con un libro o un rollo de papiro.

John Milton lo describe en *El paraíso perdido* como el «regente del sol» y «el espíritu de mejor vista de todo el Cielo». En los escritos gnósticos Uriel es llamado Suriel y gobierna una de las siete esferas planetarias. El islamismo identifica a Uriel como uno de los cuatro ángeles que protegen el trono de Alá.

Uriel es mencionado como uno de los ángeles que llevan a las almas al juicio en los *Oráculos sibilinos*, textos primitivos que se utilizaban para diseminar la doctrina judía y cristiana entre los paganos. Estas obras contienen predicciones de calamidades y desastres que sobrevendrán a la humanidad las cuales fueron citadas por los padres de la Iglesia cientos de veces. El segundo libro de los *Oráculos sibilinos* dice:

*Los ángeles imperecederos del Dios inmortal, Miguel, Gabriel, Rafael y Uriel, conociendo los males cometidos por cualquiera anteriormente, conducen el alma de todos los hombres de la turbia oscuridad al juicio, al tribunal del gran Dios inmortal...*

*Entonces Uriel, el gran ángel, romperá los gigantescos cerrojos, de acero inflexible e irrompible, de las puertas del Hades;... las abrirá de par en par y conducirá a todas las formas afligidas al juicio, especialmente aquellas de los antiguos fantasmas, titanes y gigantes y a tales como los que el Diluvio destruyó. También lo hará con aquellos a quienes la ola del mar destruyó en los océanos y a tantos como bestias salvajes, serpientes y aves devoraron; a todos estos él llamará al tribunal.*[2]

Uriel juega un papel clave en la obra apócrifa *El cuarto libro de Esdras*, considerado como una de las mejores obras de la literatura judía. Este libro tuvo tanta influencia en la Iglesia cristiana primitiva que se llegó a utilizar en la liturgia. También formó creencias en la Edad Media sobre el fin de los tiempos. En este libro Uriel interpreta las visiones de Esdras y le instruye sobre los secretos del universo. También responde a sus preguntas sobre el juicio del hombre, los signos del cercano fin de la era, si los justos pueden interceder por los impíos y el destino de los malvados.

## LOS CONSEJOS *de la* IGLESIA PROHÍBEN *la* ADORACIÓN *a los* ÁNGELES

Los primeros líderes de la Iglesia cristiana fomentaron la oración dirigida a los ángeles y consentían la devoción hacia ellos. Después, en el siglo IV, el Sínodo de Laodicea decidió que la adoración a los ángeles empañaba la correcta adoración a Cristo y prohibió a los cristianos que veneraran a los ángeles en privado, fuera de los muros de la iglesia. También prohibió la mención de cualquier ángel que no estuviera mencionado específicamente en las escrituras católicas. Esto significaba que solo los arcángeles Miguel, Gabriel y Rafael podían ser mencionados en oración, a pesar del hecho de que Uriel consta en varios textos antiguos y era conocido por los judíos y los primeros cristianos.

No obstante la condena del sínodo, la adoración a los ángeles siguió floreciendo. En los siglos VIII, IX y XV la Iglesia volvió a prohibir la adoración a los ángeles que no estuvieran mencionados en las escrituras. Recientemente, en 1950, el papa restringió la adoración a los ángeles, reafirmando así que solo Miguel, Gabriel y Rafael podían ser mencionados por los católicos. Los decretos de estos consejos eclesiásticos, de hecho, han robado a los cristianos el conocimiento sobre cómo invocar la intercesión de estos emisarios celestiales justamente cuando más lo necesitan.

A pesar de las prohibiciones papales, el Arcángel Uriel mismo te anima a que le llames por su nombre y a que convoques a sus legiones de ángeles para producir cambios personales y planetarios. En un dictado Uriel dijo:

> *En todas las religiones del mundo los ángeles han sido eclipsados y, por tanto, habéis sido despojados de vuestros intercesores. Ellos son vuestros compañeros, vuestros hermanos, vuestras hermanas, vuestros servidores.*
>
> *Estamos en medio de vosotros. Somos enviados para realizar este trabajo. [Esta es nuestra misión]. ¡Podemos llevar a cabo la tarea! ¡Tenemos la formación! ¡Somos profesionales!... Tan solo llamadnos en el nombre de Dios YO SOY EL QUE YO SOY, en el nombre de su Hijo Jesucristo. Luego, ¡manteneos firmes y mirad la salvación de vuestro Dios!*[3] *¡Manteneos firmes y ved la curación de las naciones!*[4]

## UNA ORACIÓN *a los* ÁNGELES PUEDE SALVAR *una* VIDA

Chris Merkel era un joven que se salvó de la muerte cuando llamó a Dios para que enviara a un ángel a rescatarle. Esta historia se publicó en la revista *Guideposts*.

De joven, Chris creía en los ángeles porque su madre le había dicho que existían. Según cuenta, comenzó a dudar de su existencia en la adolescencia: nadie que él conociera había visto a ninguno. Pero eso no desanimó a su madre, que continuó pidiendo a Dios que asignara un ángel para que vigilara a cada uno de sus hijos.

En enero de 1991 Chris encontró motivos para replantearse la existencia de los ángeles. Un día, al prepararse para el trabajo, oyó a su madre rezar en la cocina, pidiendo a Dios que enviara a los ángeles a proteger a Chris en su trabajo. Al escéptico Chris esto le pareció gracioso.

Chris marchó a su trabajo de excavación. Ese día estaba instalando tuberías en el fondo de una zanja con un compañero, Terry. De repente, un gran muro de tierra se les cayó encima. «Todo estaba negro», dice Chris. «Escupiendo tierra frenéticamente, me encontré con la cara en un espacio donde podía respirar. La aplastante presión hacía que cada respiración fuera un gran esfuerzo. Al menos tenía aire, pero quién sabe cuánto duraría a medida que la tierra se iba asentando. Me estaba ahogando despacio».

Al empezar a perder el conocimiento, Chris gritó a Dios para que les enviara un ángel en rescate. Antes de que los del equipo de rescate le desenterraran, dice que sintió cómo lo levantaban misteriosamente. Se relajó y se desmayó. Cuando recobró el conocimiento, él y su compañero estaban vivos, aunque el médico no sabía cómo es que no habían muerto. Habían estado enterrados más de dos horas. «Alguien ha debido estar vigilándoos», dijo.

Desde entonces Chris ha buscado en la Biblia todas las menciones sobre los ángeles; y como su madre, ahora hace una oración diaria por las mañanas pidiendo a Dios que asigne un ángel a cada uno de sus compañeros de trabajo y a cada elemento de la maquinaria. «No tiene sentido no hacer uso de lo que Dios nos ha dado para que lo utilicemos»[5].

Deseo que no esperes a tener una situación de vida o muerte para aprender la lección que aprendió Chris Merkel.

## PÍDELE a los ÁNGELES *la* AYUDA *que* NECESITES

El Arcángel Uriel nos recuerda que para que los arcángeles intercedan por nosotros, debemos someternos a la voluntad de Dios. No nos prestarán ayuda en algo que no sea la voluntad de Dios. De hecho, al no cooperar con nosotros en ese plan nos dejan saber que quizá ese plan no esté de acuerdo con la voluntad de Dios.

Uriel dice: «Somos arcángeles que servimos la voluntad de Dios... y venimos a servir a los hijos e hijas de Dios» que son obedientes a su voluntad en asuntos pequeños y grandes. «Por la ley de Dios, no podemos interceder en vuestra vida ni interferir a menos que renunciéis a esa voluntad humana y digáis: "No se haga mi voluntad sino la tuya. ¡Oh Señor, ven a mi vida y ayúdame!"»[6].

A veces nos equivocamos y pensamos que hacemos la voluntad de Dios, pero erramos. Podemos aprender de esas acciones bien intencionadas pero equivocadas. Y al desarrollar la gracia atenta de la Madre de Jesús, escuchando la voz de Dios dentro de nosotros y dedicándole tiempo todos los días, en tranquilidad y sin ser molestados, solo escuchando, nos volvemos más sensibles a la voluntad de Dios.

Hay dos momentos muy importantes para escuchar: los primeros cinco o diez minutos después del despertar y cuando nos estamos quedando dormidos. En esos momentos estás transitando entre octavas del mundo celestial y la tierra, y es entonces cuando puedes tener algunas de tus ideas más importantes. Son momentos breves, por tanto dedica más tiempo a escuchar a Dios.

## CÓMO SUPERAR *los* MALOS HÁBITOS

El Arcángel Uriel te aconseja que te concentres exclusivamente en una única condición en tu vida con la que hayas estado luchando durante mucho tiempo. «Sea cual sea la lucha, ya sea glotonería, avaricia o algo conocido solo por ti y por mí en la privacidad de tu corazón»:

*Primero,* «libérate de toda condenación hacia ti mismo debido a ese estado».

*Segundo,* «percíbete a ti mismo en tu gran Realidad, grande como la vida misma, lleno del Espíritu, y mira al problema como si midiera un centímetro. ¡Ten la sensación del poder de Dios en ti!».

*Tercero,* «forma y reúne en el corazón, el cuerpo de los deseos y la voluntad una determinación que permita que el fíat salga de tu corazón con la Palabra hablada». Este es el fíat que Uriel te da: «¡Oh Dios mío, conseguiré la victoria sobre esta bestia de mi yo inferior!».

*Cuarto,* no suprimas las cosas negativas, déjalas que vayan a la llama violeta. Visualiza un río de llama violeta que corre rápido ante ti y entonces tira tus cosas negativas en él y observa cómo se las lleva la corriente de la llama violeta. Simplemente deja que vayan a la llama cuando la invoques. Uriel dice:

*La transmutación tiene su propia lógica. Si queréis transmutar, también debéis expiar e intercambiar el deseo inferior por el superior. Así, sustituid las actividades y los deseos impropios con nuevas actividades, una nueva alegría, nuevas interacciones y amigos de luz. Haced... deporte o tened pasatiempos o actividades de unión, luchando por la libertad de aquellos que necesitan vuestra ayuda en vuestra propia ciudad.*[7]

Este unirse por una causa debe reemplazar las anteriores actividades autoindulgentes. Te darás cuenta de que estarás tan ocupado en ayudar a otras personas y te lo pasarás tan bien canalizando tu energía en este empeño nuevo y alegre que no volverás a los antiguos patrones negativos cuando las antiguas emociones surjan.

En vez de sentirte derrotado por un retorno de viejos hábitos, serás victorioso en Dios porque habrás concentrado una voluntad de hierro en tu corazón. Los buenos hábitos son las vestiduras que llevan los santos. Los malos hábitos son impulsos acumulados de indulgencia que cubren los chakras como una mortaja. Vuelve a canalizar la corriente, revierte el curso de tus impulsos descendentes y construye un nuevo lecho dirigiendo el curso de tu vida hacia donde *tú* quieres ir.

Hace falta esfuerzo —un esfuerzo alegre— pero no un martirio para transmutar tus metales comunes en oro, para expiar por fechorías y equivocaciones o para intercambiar el deseo inferior con el deseo superior. Los arcángeles nos dicen: «Estamos aquí para ayudaros. Simplemente llamadnos y os lo demostraremos».

## LAS CINCO CLAVES *de* URIEL PARA CAMBIAR *tu* VIDA

El Arcángel Uriel te da cinco claves para cambiar tu vida, tu familia, tu comunidad y tu planeta.

### 1. Llama a los siete arcángeles para que infundan en tus chakras la luz del Cristo Universal.

Los siete arcángeles utilizan los siete chakras para afianzar la luz en tus cuatro cuerpos inferiores: el etérico, el mental, el de los deseos y el físico. Estas cuatro fundas rodean al alma, proporcionándole vehículos para su viaje por el tiempo y el espacio.

El cordón de luz que desciende desde tu Presencia YO SOY es un río de luz. Así es que tus chakras reciben su sustento desde arriba, desde tu Presencia YO SOY, a través de este cordón cristalino. También reciben sustento desde el chakra de la base, donde está guardada muy enroscada la energía de la luz de la Madre. Cuando elevas esta luz de la Madre y bajas la luz del Padre desde tu Presencia YO SOY, obtienes el equilibrio de Alfa y Omega en tus chakras, o el más y menos del Gran Tao.

Durante el curso de nuestra vida hemos usado nuestros chakras correctamente así como hemos abusado de ellos. Existen muchas formas de abusar de la fuerza vital, como la ira, la argumentación y estados de ánimo parecidos que exhiben las personas. Quienes asumen ese tipo de energía pueden desperdiciar una gran cantidad de luz en poco tiempo.

La gente que está llena de ira y amargura contra la vida o contra Dios o quienes condenan intensamente a otras personas o a todo el mundo en general merecen nuestra compasión. Están a merced de los impulsos de su propia ira que nunca han resuelto. La ira puede sacar a una persona del sendero espiritual.

Tus centros espirituales son sagrados y debes mantenerlos bien escudados y en la santidad de Dios. Pide la llama violeta para que transmute los usos indebidos de la luz en cada uno de tus chakras. Haz una oración como esta para invocar a los siete arcángeles y su luz para limpiar los chakras de estos abusos de la energía:

*Amada Poderosa Presencia YO SOY, amados siete arcán-*
*geles, infundid ahora en mis centros espirituales la luz del*
*Cristo Universal. Depuradlos primero de las fuerzas anti-*
*Cristo que se puedan haber implantado en mí. Depuradme*
*y purificadme ahora con el poder del Cristo Cósmico, con el*
*poder de mi Presencia YO SOY para que pueda ser verdade-*
*ramente un cáliz para el Señor.*

Conservar tu fuego sagrado y fuerza vital es muy importante. Tus chakras son estaciones emisoras que Dios utiliza y
que tú usas para concentrar tu luz, para conservar la energía
de modo que la tengas cuando necesites dirigir la luz de Dios
mediante los decretos hacia situaciones problemáticas en tu
vida y en el planeta.

Toca a los hijos y las hijas de Dios, unidos a su Presencia Crística, dar órdenes a los ángeles, darles instrucciones,
rezarles, llamarlos para que nos den toda la ayuda que necesitamos. No podemos salvar el mundo ni a nosotros mismos.
Pero podemos llamar a los ángeles, ellos tienen la preparación para hacer el trabajo. Uriel dice:

*A lo largo de la historia, los santos que han rezado diaria-*
*mente han sido aquellos en los que ha habido un corazón*
*abierto a nuestra venida y a través de ellos la luz ha bri-*
*llado. Sin embargo, os diré que si no sois santos hoy, podéis*
*ser santos mañana. Y el proceso de la santidad es la infusión*
*en vuestro ser y vuestros centros espirituales con la luz del*
*Cristo Universal.*[8]

## 2. Aplica la llama violeta diaria y generosamente.

La llama violeta es el don del Espíritu Santo que nos llega bajo el patrocinio del maestro ascendido Saint Germain. La llama violeta es una «llama física» y por ello es el antídoto para los problemas físicos. Visualízate a ti y a los demás saturados de llama violeta. Cuanto más específico seas cuando visualices, más inmediata será la respuesta y la acción. Esto sirve especialmente cuando estás rezando por ti o por otras personas en caso de accidentes, cirugía o enfermedades graves.

Si puedes, consigue una descripción exacta del problema. Esto te indicará a dónde y cómo dirigir la llama violeta. Hazle a Dios un llamado específico para concentrar la llama violeta en las zonas donde esté la necesidad, luego mantén una intensa visualización de la llama violeta penetrando en esos sitios.[9] Y recuerda, la llama violeta es algo adjunto a las medidas científicas que son de sentido común y no las sustituye. Consulta a tu médico y pon los remedios que correspondan al problema que tengas.

La llama violeta también puede limpiar los registros del karma negativo, incluyendo los registros de nuestros malos comportamientos o los de los demás. Por ejemplo, el Arcángel Uriel dice que es importante limpiar los registros de la muerte y la guerra en los campos de batalla del planeta para poder asegurar la paz en la Tierra.

## 3. Aumenta la llama de la paz en tu aura.

Uriel dice que si quieres mantener la paz en tu vida y en tu hogar, él te enseñará a utilizar el poder de la paz para librar una guerra contra las fuerzas contrarias a la paz que acechan tanto en tu interior como en el exterior.

Hay muchos estados de conciencia que son contrarios a la paz. Los más notables son todas las energías negativas asociadas con el planeta Marte: ira y agitación en el mundo de los sentimientos, actitudes argumentativas o acusatorias, sentimientos de irritación o fastidio; todas las formas de comportamiento agresivo y compulsivo tanto físico como psíquico; y todo desde la apatía hasta la tendencia a la autoaniquilación total. En suma, las fuerzas contrarias a la paz incluyen cualquier estado en el que pierdas el equilibrio y en el resultante estado desequilibrado pierdas la armonía y permitas que cualquiera de las cosas recién descritas se expresen a través de ti.

En cada caso Uriel nos aconseja: regresa a la armonía Divina tan pronto como puedas. «*Regresad a la armonía Divina...* con el tono de la voz, con los pensamientos de la mente, con los sentimientos que se envían»[10]. El estado de armonía Divina se da cuando tienes un control Divino absoluto sobre las energías que pasan por ti. Uriel te advierte para que te eleves al plano de tu Ser Crístico y dejes de permitir que las distintas partes de ti mismo tiren de ti como niños mimados en todas direcciones. El poder de Dios ha de hallarse en la quietud interior del corazón. Búscalo y lo encontrarás.

### 4. Invoca el juicio y la resurrección del Señor.

La cuarta clave que da el Arcángel Uriel para producir cambios personales y planetarios consiste en dos pasos: *invoca el poder del juicio del Señor e invoca el poder de la resurrección del Señor.*

El Arcángel Uriel ha dado muchos dictados a través de mí y de Mark Prophet para traer el juicio sobre las condiciones del mal en nuestra sociedad. Llámale para atar las fuerzas de la injusticia. Esto es lo que dice:

> *Soy ese que escucha día y noche... ¡Espero a que alguien haga el llamado para atar las horribles injusticias de este planeta!... Os digo que existe una corte superior en la que los asuntos se adjudican deprisa y de manera definitiva y el karma desciende. Por tanto, quedad curados de cualquier sensación de injusticia por cualquier cosa que haya en vosotros, fuera de vosotros o en el país o en el mundo. Sencillamente, invocad a los Señores del Karma y recordad, ¡Uriel espera ser llamado a la acción!*[11]

Uriel explica que aquellos que reciben el juicio de Dios por medio de los arcángeles reciben un período de oportunidad para cambiar y adorar al Dios vivo. El juicio de una persona, por tanto, no es su fin. Es el juicio de ciertas acciones por las cuales el karma de esa persona puede sobrevenirle para que aprenda las lecciones.

Puedes pedir el juicio de las circunstancias negativas personales y planetarias que ves a tu alrededor. También puedes aplicar la acción del juicio a tu yo irreal, el yo que es la antítesis de tu Yo Superior. Cuando pidas a Dios que te juzgue, su fuego sagrado descenderá a tu templo, no para hacerte daño sino para separar los malos elementos de los buenos. De este modo podrás ver el error o los malos hábitos tal como son: no forman parte de tu Yo Real.

Cuando llames a Uriel pidiendo justicia y juicio, puede que no veas una respuesta inmediata a tu llamado. Cuando la justicia es emitida, el cambio comienza en lo profundo de la psique del hombre y la sociedad. Dios comienza a resolver las complejidades de una injusticia desde lo profundo del interior, a niveles inconscientes. Quizá solo veas la resolución cuando comience a manifestarse en los niveles concretos de la mente consciente y el cuerpo. Pero ten la certeza de que el proceso ha dado comienzo y que se cumplirá con o sin tu conocimiento.

Cuando le das a Dios por completo tu sentimiento de injusticia, experimentas una maravillosa libertad. Pero esto también necesita del perdón por tu parte. Algunas veces es difícil perdonar a los que hacen el mal, que hacen cosas horribles. La clave que Dios me ha dado es perdonar y rezar pidiendo misericordia por el alma y rezar para atar los elementos de la persona que no están bajo el control del Cristo y, por tanto, tienen la capacidad de hacer el mal.

Esta es la dicotomía del perdón: sentimos que hay algunos actos que no podemos perdonar, cosas que queman mucho y profundamente. Pero podemos rezar pidiendo el perdón del alma que fue el instrumento de esos actos, aun cuando pedimos el juicio absoluto de los aspectos del yo que son la antítesis del Yo Real. Así, puedes perdonar a todo el mundo, entregar todas las injusticias a Dios y ver lo libre que te sentirás.

Cuando llames al Arcángel Uriel para el juicio de las fuerzas del mal en el planeta o el juicio de tu yo irreal, pide también la llama de la resurrección. Visualiza la llama de la resurrección —una llama de lo más hermosa de una iridiscencia madreperla— que trae renovación, renacimiento, rejuvenecimiento, restauración. Vela renovando y acelerando cada átomo, célula y electrón de tu ser.

El Arcángel Uriel ha dicho:

*Comprended que este poder de la llama de la resurrección, del ángel de la resurrección y de mi corazón es para una misión doble: para atar, por tanto, el yo irreal allá donde aparezca, interior o exteriormente, y para transmutar [el karma] de las ciudades y [la energía mal cualificada de la gente] para que ese lugar purificado jamás, jamás, jamás vuelva a ser cualificado por lo humano.*[12]

El Arcángel Uriel te enseñará a usar la llama de la resurrección para conquistar tus miedos, conscientes e inconscientes. Uriel dijo que tienes que conquistar todos los miedos para poder alcanzar la verdadera maestría Divina.

*Os aliento a que tengáis ánimo. Porque cuando contempláis cada temor, nos sois vosotros quienes estáis obligados a hacerlos desaparecer. No, es la vibrante vida de la llama de la resurrección... Cuando se trata de conquistar el miedo, se trata simplemente el arte de dejar que Dios realice su obra perfecta y de que tú lo sueltes.*[13]

Uriel nos ha proporcionado un ejercicio como ayuda. Él dice que hay una postura para soltar las cosas: coloca las manos una sobre la otra sobre el corazón y luego suéltalas, abiertas y relajadas. No cruces las piernas, respira suavemente. Luego háblale tiernamente a tu alma y a tu cuerpo: «Paz, aquiétate». Esta postura refleja la serenidad del niño pequeño que se siente seguro al cuidado de su madre.

### 5. Ofrece devociones a tu Presencia Divina todos los días.

El Arcángel Uriel y sus ángeles han prometido ayudarte

a medida que vayas por el sendero hacia el corazón de Dios. Ellos cumplen sus promesas y no fallan en responder a tu llamado. Ponlos a prueba. Uriel dice:

> *No tenemos más que una petición para vosotros: que decidáis en el corazón no dejar que pase un solo día sin que penséis en vuestra amada Presencia Divina y ofrezcáis devociones, adoraciones y ministraciones a esta poderosa Fuente de Vida. Porque a través de esta Presencia Divina podemos penetrar en la oscuridad que tenéis alrededor, pudiendo descender [a vuestro nivel] y caminar con vosotros, y vosotros podéis ascender [a nuestro nivel y estar ante] nuestra presencia. Gracias a esta mutualidad de servicio, esta cooperación cósmica, podemos avanzar.*[14]

Uriel dice: «¡La Presencia de Dios nunca falla! Y si simplemente os alinearais con esta poderosa fuerza, este gran poder Divino, no habría separación» entre vosotros y vuestro Dios, vosotros y los arcángeles. Porque la separación de vuestra Realidad Divina es lo que hace que falléis. La separación hace que dudéis. La separación hace que temáis. Uriel continúa:

> *Y digo que la separación es una mentira. ¡Nunca existió en la mente ni en el corazón de Dios y no existirá en vosotros si tan solo hacéis caso a mis palabras hoy y aceptáis las poderosas dispensaciones de luz que os he dado!*
> *¡Aceptadlas y uníos a vuestra Presencia Divina!... Caminad por la Tierra como Cristos. ¡Quitaos la vieja vestimenta! ¡Quitáosla y sed transfigurados en la poderosa llama transfiguradora de la vida!...*

*Todo el cielo converge sobre aquel hijo o hija de luz que decide manifestar su victoria. Todo el cielo desciende para darle a ese todo el ímpetu de la luz. Solo hace falta el esfuerzo decidido hecho en el corazón.*[15]

Espero que llegues a conocer al Arcángel Uriel lo suficientemente bien en lo profundo de tu ser para que le hagas parte de tu vida y de tus llamados diarios pidiendo su ayuda.

# URIEL *y* AURORA

| | |
|---|---|
| RAYO Y COLOR | *Sexto rayo, morado y oro con motas rubí* |
| CUALIDADES | *Paz de Dios, hermandad, ministración y servicio* |
| CHAKRA | *Plexo solar; 10 pétalos* |
| COBRA PROMINENCIA EN | *Jueves* |
| RETIRO ESPIRITUAL | *Por encima de los montes Tatra, al sur de Cracovia (Polonia)* |

## PÍDELES:

| | |
|---|---|
| DONES ESPIRITUALES | *Paz interior, tranquilidad de espíritu* |
| AYUDA PERSONAL CON | *Resolución pacífica de problemas y relaciones personales, sociales y profesionales; crear armonía; inspiración y ayuda para trabajadores de centros de cuidados paliativos para enfermos terminales, psicólogos/orientadores, profesores, jueces, funcionarios, profesionales de la medicina y todos aquellos que prestan servicio a los demás* |
| AYUDA EN ASUNTOS INTERNACIONALES | *Restaurar y mantener la paz, promover hermandad y entendimiento, manifestar justicia divina en los juzgados y entre naciones* |

# COMULGAR con los ÁNGELES de la PAZ

## UN ÁNGEL DEL GRUPO DE URIEL PARA TI

El Arcángel Uriel nos ha ofrecido a cada uno de nosotros un ángel de su grupo para que trabaje con nosotros, que nos ayude a experimentar la verdadera y justa adjudicación de nuestra alma y nuestros asuntos y para que experimentemos el poder de la llama de la resurrección en nuestra vida personal y en nuestra ciudad.

Llama a Uriel para que te envíe a uno de sus ángeles y luego afirma que lo aceptas. Tu llamado puede ser tan sencillo como este:

Te llamo, Arcángel Uriel. Envíame al ángel de tu grupo a quien has nombrado como mi ayudante en el sexto rayo. Te doy mi piadoso consentimiento individual y mi gratitud por este regalo de uno de tus ángeles que estará conmigo:

> ¡En el nombre YO SOY EL QUE YO SOY,
> en el nombre del Arcángel Uriel,
> acepto el ángel de la resurrección
> donde YO SOY!

El Arcángel Uriel dice que puedes repetir esta afirmación una y otra vez mientras trabajas con las legiones del sexto rayo. Llama a Uriel para que arregle todos los problemas de tu ciudad. Llámalo para que ate y exorcice las fuerzas del mal que perpetúan el crimen, la pobreza y la mala enseñanza. Después de llamar a las legiones de Uriel para que pronuncien el juicio de Dios sobre las fuerzas del mal, pide la purificación de las ciudades con la llama violeta y la llama de la resurrección.

## LA LLAMA DE LA RESURRECCIÓN

Uriel y Aurora te llevan la llama de la resurrección. Cuando digas las palabras de Jesús, «YO SOY la Resurrección y la Vida», ve esta iridiscente llama madreperla trayendo la resurrección y la vida de tu servicio, tu talento, tu salud, tu futuro, tu plan divino.

¡YO SOY la Resurrección y la Vida!
¡YO SOY la Resurrección y la Vida de
_____[di la situación específica]_____!

También puedes repetir el siguiente mantra y visualizar la llama de la resurrección ardiendo por todo tu ser. Visualízala entrando en las situaciones personales o las del mundo a las que quisieras enviar la luz de Dios.

### Resurrección

YO SOY la llama de la Resurrección,
destellando la pura luz de Dios.
YO SOY quien eleva cada átomo ahora,
YO SOY liberado de todas las sombras.

YO SOY la luz de la Presencia Divina,
YO SOY por siempre libre en mi vida.
La preciosa llama de la vida eterna
se eleva ahora hacia la victoria.

# Cómo *te* ayudan *los* ángeles *a* hacer milagros *en tu* vida

8

# CAPÍTULO 8

# ARCÁNGEL ZADQUIEL y SANTA AMATISTA

Zadquiel y Santa Amatista son el arcángel y la arcangelina del séptimo rayo. El séptimo rayo es el rayo violeta, el rayo que emite la llama violeta y concentra las cualidades de la libertad, la alquimia, la transformación, el perdón y la justicia. Es el rayo de Acuario, la era que está en sus comienzos y que durará 2150 años. Zadquiel explica que la llama violeta es «el disolvente universal que a lo largo de los tiempos han buscado los alquimistas»[1].

Los alquimistas de la época medieval querían transmutar los metales comunes en oro y descubrir el «elixir de la vida», un medio de curar todas las enfermedades y asegurar la eterna juventud. La palabra *alquimia* se define en un sentido más amplio como «un poder o proceso de transformación de algo común en algo especial» y «una transmutación inexplicable o misteriosa»[2].

La forma de alquimia más elevada es la ciencia de la auto-transformación. La clave de la autotransformación es la llama violeta. El Arcángel Zadquiel nos dice que él posee en su corazón los secretos de la alquimia. Invócalos si quieres —nos dice— y él te los dará.

Zadquiel es conocido como el ángel de la benevolencia, la misericordia y la memoria. Su nombre significa 'justicia de Dios' y él nos enseña el uso correcto de las leyes de Dios en el séptimo rayo.

Santa Amatista reveló que ella fue uno de los ángeles que atendieron a Jesús en el jardín de Getsemaní.

El séptimo rayo se corresponde con el chakra de la sede del alma, que está situado entre el plexo solar y la base de la columna. En ese punto del cuerpo es donde reside el alma.

## ZADQUIEL *en las* ESCRITURAS

El Zohar, un texto cabalístico clave, representa a Zadquiel como uno de los ángeles que ayudan al Arcángel Miguel a llevar su estandarte en la batalla. Algunas tradiciones dicen que Zadquiel fue el ángel que detuvo a Abraham cuando este iba a sacrificar a su hijo. En un sistema cabalístico se dice que Zadquiel encarna la cuarta *sefirá*, Jesed, que es «amor», «misericordia», «gracia» o «bondad».

El retiro de Zadquiel y Santa Amatista, el Templo de la Purificación, se encuentra por encima de la isla de Cuba. Hace mucho tiempo, en la Atlántida, es posible que visitáramos este templo cuando estaba ubicado físicamente en la zona donde actualmente está Cuba. Ahora el templo está solamente en la octava etérica.

En su retiro Zadquiel y Santa Amatista preparan a los niños de Dios para que lleguen a ser sacerdotes y sacerdotisas de la Orden de Melquisedec. En los tiempos de la Atlántida tanto Jesús como Saint Germain estudiaron es este retiro. El Señor Zadquiel ungió a los dos para este sacerdocio. Jesús y Saint Germain establecieron el ejemplo para nosotros al someterse a las disciplinas de los arcángeles en sus retiros.

## SAINT GERMAIN

El maestro ascendido Saint Germain y su llama gemela, la Maestra Ascendida Porcia, son los jerarcas de la era de Acuario. A lo largo de sus pasadas encarnaciones, Saint Germain ha realizado un incesante esfuerzo para devolver a las almas de luz a la adoración de su Gran Fuente Divina.

Saint Germain nos ha ofrecido la llama violeta como un regalo para que la podamos invocar, podamos saldar nuestro karma, lograr la reunión con nuestro Yo Superior y ser de máxima utilidad a todo el mundo en la Tierra, porque nos habremos convertido en cálices de la llama violeta.

El propio Jesús enseñó la llama violeta a su discípulo más cercano, Juan el Amado. Pero hasta el siglo veinte la llama violeta no ha sido algo de conocimiento público. Ahora que la conocemos, podemos diseminar sus enseñanzas al mundo para que todos puedan usarla. Puesto que Saint Germain nos ha patrocinado y ha asumido la responsabilidad del uso que hagamos de ella, todo el mundo puede aprender a hacer un llamado a la llama violeta. ¡Inténtalo! Te transformará a ti y a tu alma para siempre.

## LA LLAMA VIOLETA *para la* RADIOACTIVIDAD *y el* MEDIO AMBIENTE

Los ángeles de Zadquiel son adeptos en el control de las fuerzas de la naturaleza. Trabajan con los espíritus de la naturaleza para la purificación de la Tierra. Los espíritus de la naturaleza que trabajan con el elemento tierra se llaman gnomos. Los que trabajan con el elemento fuego y la energía atómica son las salamandras. Los silfos cuidan del elemento aire. Y las ondinas cuidan del elemento agua.

En décadas recientes se ha desechado una enorme cantidad de residuos radioactivos. Afortunadamente, la llama violeta puede transmutar tales elementos radioactivos dañinos. De hecho, la llama violeta es la solución para todo tipo de contaminación. Si queremos mantener nuestro planeta habitable y nuestros genes puros, sin que se vean afectados por los elementos radioactivos, debemos usar la llama violeta.

Saint Germain explica:

> *¡La llama violeta es una llama física!... De todos los rayos, la llama violeta tiene la vibración más cercana a la sustancia de esta Tierra, a estos elementos y compuestos químicos, a todo lo que veis en la Materia. Y por tanto, la llama violeta puede combinarse con cualquier molécula o estructura molecular, con cualquier partícula de materia conocida o desconocida y con cualquier onda de luz, electrones o electricidad. Así, la llama violeta es el antídoto supremo contra la intoxicación alimentaria, los residuos químicos, las toxinas, la contaminación del cuerpo por las drogas.*[*]
>
> *La llama violeta es un elixir que se bebe y se absorbe como el agua... ¡Allá donde los estudiantes de los maestros ascendidos se reúnen para invocar la llama violeta, inmediatamente se observa una mejoría de las condiciones físicas!*[3]

Comprométete a invocar la llama violeta quince minutos al día o más para ti, el planeta y nuestro futuro. Notarás la diferencia en tu vida.

---

*En caso de una intoxicación así, debes recibir la atención médica adecuada. Toma las medidas físicas necesarias. Utiliza la llama violeta como algo adjunto al programa médico.

## LIBÉRATE *con la* LLAMA VIOLETA

Zadquiel y Santa Amatista y sus ángeles de la purificación y la alegría están aquí con una sola finalidad: asegurar la libertad individual junto con la responsabilidad individual. El Arcángel Zadquiel dice que la libertad, en su sentido supremo, significa un acceso a las reservas de luz, a la mente de Dios. Cuando eres verdaderamente libre porque has asumido la responsabilidad de tus acciones, tus pensamientos, tus sentimientos, toda tu vida, entonces Dios te concede acceso a planos superiores y a reservas de luz que podrás utilizar para servir a la humanidad.

Zadquiel enseña: «En la plenitud de la libertad Divina... no hay nada en el cosmos ni en Dios que se os niegue»[4]. La clave para hallar esta libertad —nos dice— es la llama violeta transmutadora. «Si el mundo actual fuera capaz de aceptar la llama violeta transmutadora, la mayoría de los problemas que turban a la humanidad se derretirían literalmente»[5]. El Arcángel Zadquiel dice:

> *¿Cómo puede esperar la humanidad, moviéndose entre efluvios humanos y cachivaches, hallar su libertad cuando todo su mundo se asemeja a un gran ático en el que se han acumulado a lo largo de los tiempos viejas ruecas y telas de araña, ladrillos y mortero en decadencia y pensamientos discordantes?...*
>
> *¡Toda esa... energía aprisionada debe encontrar la libertad mediante el poder de la llama violeta! Y la humanidad de la Tierra debe abrir las puertas de su conciencia y sus chakras para expandir la luz de Dios; y debe dejar de dar poder a aquello que la ata y que jamás podrá darle su libertad...*
>
> *¡El fuego violeta es el regalo más grande de Dios para el universo!*

Zadquiel quiere que sepas que cuando invocas esta luz, «millones de ángeles del séptimo rayo responden a tu llamado... Diariamente vemos la elevación, la caída, la mengua de la marea del karma del mundo a medida que los Guardianes de la Llama de todo el mundo invocan la llama violeta y, por tanto, mitigan los efectos del karma de las masas»[6].

## LA LLAMA VIOLETA FUNCIONA CUANDO *la* USAS

La llama violeta no está presente a nuestro alrededor automáticamente. La luz busca su propio nivel, el nivel de los reinos de perfección, cada veinticuatro horas y la llama violeta no entra en nuestro denso mundo a menos que la bajemos nosotros mediante el ejercicio de nuestro chakra de la garganta y afirmando la llama violeta y su acción allá donde nos encontremos. Para mantenerte en esa llama, invócala todos los días, de lo contrario volverá naturalmente atraída hacia su origen. El Arcángel Zadquiel dice:

*Tal como lo vemos desde los niveles internos, el enorme esfuerzo que hacéis para transmutar las capas de vuestro karma es realmente algo maravilloso de contemplar. Porque estando rodeados de toda clase de pensamientos negativos dando vueltas en vuestra aura, de repente decidís invocar la llama violeta. Y ¡he aquí!, el gran poder del séptimo rayo, como un gigantesco electrodo de energía cósmica, comienza a formarse. Y los ángeles se reúnen a vuestro alrededor. Con las palmas de las manos dirigen por vuestro cuerpo y vuestra aura un arco de rayo violeta. Y al destellar ese arco a través de vuestro ser, vaporiza las condiciones negativas, ¡que literalmente desaparecen del corazón y la mente!*

Un estudiante de Saint Germain dio testimonio del poder de transformación de la llama violeta, y dijo lo siguiente: «La llama violeta me ha curado. Durante años había consultado a psicólogos. Ellos me ayudaron a ver las causas de mis problemas, pero ¿cómo podía cambiar? Entonces encontré la ciencia de la Palabra hablada. Todos los días hacía decretos a llama violeta. ¡Funcionó! Esa poderosa llama penetró y disolvió resentimientos profundos que ni siquiera sabía que tenía hasta que los vi terminar en la llama, para nunca más volver. ¡Gracias a la llama violeta salí sano, lleno de vigor y agradecido! Confío en ella todos los días».

Otro estudiante dijo: «Cuando hago decretos de llama violeta, inmediatamente empiezo a sentirme más centrado y despejado. Si tengo cualquier duda sobre quién soy o cómo debo afrontar una situación difícil, la acción de la llama violeta inmediatamente lo esclarece todo y me ayuda a tomar las decisiones correctas. Esclarece mi mente y mis emociones».

Zadquiel dice: «Fluyendo con el gran flujo del Espíritu Santo, la llama violeta libera cada partícula de energía mal cualificada que toca».

## TU ENERGÍA DA COLOR *a tu* AURA

La energía de Dios que fluye hacia ti a cada momento es clara como el cristal. No tiene ningún color. En cuanto la envías hacia fuera adquiere el color de tu vibración en ese momento y esto se ve en tu aura. Podría ser el rosa puro del amor. Podría ser el amarillo de la iluminación si estás enseñando a alguien. Podría ser azul si invocas la voluntad de Dios o tienes una fe intensa.

Si estás involucrado en curación, música, ciencia, la vida abundante, la economía, los negocios o si estás cualificando la energía en ese sentido, ello aumentará el verde en tu aura. El aura podría asumir el blanco de la pureza o el color violeta de la alegría y la libertad. El color madreperla de la resurrección muestra que tus energías están elevándose y que estás en sintonía con el Cristo vivo.

Tu aura, por tanto, asume el color de aquello que tú hagas con la energía que fluye hacia ti noche y día. Mientras vivas y respires, esa energía fluirá hacia ti. Si la cualificas mal con cualquier cosa negativa, incurres en karma; y ese karma pasa por su ciclo, reúne más de lo mismo y regresa a ti.

Cuando envías vibraciones e impulsos acumulados buenos y positivos, esto da la vuelta a la Tierra, reuniendo también más de lo mismo. Esa energía buena te regresa al cabo de su ciclo y se eleva hacia tu cuerpo causal, aumentando los anillos de luz que este tiene. Tal cómo sea el énfasis positivo de tu vida, esa será la esfera de tu cuerpo causal que aumentarás.

Así, el cuerpo causal es tu propia estrella individual. San Pablo dijo: «Una estrella es diferente de otra en gloria»[7]. Tú tienes un cuerpo causal de luz único porque has enviado energía de forma única y esta ha regresado a ti y se ha acumulado en tu cuerpo causal. Este es el lugar donde tienes almacenados tus «tesoros en el cielo»[8].

## CÓMO SALDAR *tu* KARMA

El Arcángel Zadquiel y Santa Amatista así como todos aquellos que prestan servicio en el séptimo rayo nos enseñan la responsabilidad que conlleva la libertad. Sí, eres libre de odiar y libre de amar, pero recogerás la cosecha de tus propias palabras y obras.

Zadquiel dice que no puedes con un pensamiento o «sentimiento de crítica, condenación o juzgamiento hacia cualquier individuo aportar ni una onza de libertad a esa alma ni una onza de libertad a la tuya»[9]. ¿Por qué tener que repetir este curso en la escuela de la Tierra por no superar el propio resentimiento y la propia falta de resolución? ¿Por qué no recoger una cosecha de luz y avanzar hacia la siguiente escuela de la vida?

Decídete a amar con sinceridad a todo cuanto tiene vida. Cuando hagas esto, siempre encontrarás una razón para amar. Dios mora en cada corazón humano. Eso es motivo suficiente para amar a la gente y no criticarla y condenarla.

Al usar la llama violeta, puedes tener acceso a la energía negativa que has creado, que es tu karma negativo. En el chakra de la sede del alma hay grabados muchos niveles de karma. Para poder alcanzar el punto de la Cristeidad personal y la unión alquímica con el Cristo, debes saldar ese karma.

La llama violeta es el regalo de Dios para poder transmutar esos registros, para transmutar todo el impulso acumulado de ese karma negativo, para transmitir una bendición a cualquier forma de vida que alguna vez heriste o agraviaste y para enviar esa misma bendición de llama violeta a aquellos que te han agraviado a ti. Así es como la llama violeta te ayuda a saldar karma. La otra forma en que puedes saldar karma es mediante el servicio que prestes a los demás, incluyendo el trabajo que haces todos los días.

No te tomes a ti mismo demasiado en serio. Dentro de cinco minutos serás una persona distinta, si usas la llama violeta. Así que no te preocupes demasiado por ti mismo. En cambio, pide la ley del perdón. El perdón y la misericordia son la acción de la llama violeta. Envía la llama violeta a todos a quienes hayas agraviado y a todos quienes te hayan agraviado a ti, y hazlo todos los días. Pon todas las heridas y los dolores del corazón en la llama violeta ¡y suéltalos! No los

vuelvas a retomar. No los vuelvas a mirar. Simplemente, déjalos ir a la llama. Y regocíjate.

## CADA MILAGRO ES *el* CUMPLIMIENTO *de la* LEY CÓSMICA

El Arcángel Zadquiel y Santa Amatista y los ángeles del séptimo rayo nos enseñan a crear milagros en nuestra vida. La gente piensa en los milagros como algo más allá de la ciencia. Sin embargo, los milagros siempre son una exteriorización de la ciencia, una ciencia que no hemos investigado o comprendido.

Cada milagro que Jesús hizo fue el cumplimiento de la ley cósmica. Jesús utilizó la llama violeta en el milagro de Caná, donde transformó el agua en vino. Esto es lo que dice Saint Germain sobre el milagro de Cristo cuando caminó sobre las aguas:

> *Hace dos mil años, cuando Cristo caminó sobre las aguas del mar de Galilea, su demostración fue una manifestación de la ley natural de la levitación actuando dentro de un marco energético de cohesión, adhesión y magnetismo, los mismos principios que hacen posible el vuelo en órbita. Los átomos de luz que componían el cuerpo de Cristo absorbieron a voluntad una cantidad añadida de rayos cósmicos y sustancia espiritual cuyo parentesco con la luz física hizo que su cuerpo se volviera ligero, haciéndole tan fácil caminar sobre el mar como sobre tierra firme.*
>
> *Su cuerpo era puramente un rayo de luz brillando sobre las aguas. La idea más asombrosa de todas fue su capacidad de transferir esa autoridad sobre la energía a Pedro a través del poder de la visión que Pedro tenía del Cristo en manifestación radiante e iluminada.*
>
> *Sin embargo, al retirar los ojos del Cristo momentáneamente,*

*Pedro entró en una vibración humana de temor y un vórtice que densificaron inmediatamente su cuerpo, haciendo que se hundiera parcialmente en las aguas embravecidas. La consoladora mano de Cristo, extendida con amor puro, volvió a unir el lazo alquímico; y el flujo de energía espiritual a través de su mano levantó a Pedro para ponerlo a salvo.*[10]

La llama violeta, debido a que está tan cerca de la vibración física de nuestros átomos y nuestro cuerpo, es la llama y el rayo que utilizamos para todos los milagros. Si comienzas a usar la llama violeta diariamente, verás en tu vida lo que parecerán ser milagros.

## USA *la* LLAMA VIOLETA
## PARA CUERPO, MENTE Y ESPÍRITU

La llama violeta te puede dar un impulso físico. Zadquiel y Santa Amatista dicen:

*¿Por qué esperar mientras la vela de vuestra vida se va consumiendo? Podéis recargar vuestro cuerpo con la llama violeta. ¿Creéis que Dios sea incapaz de vitalizar los átomos, las células, las moléculas de vuestro cuerpo, de inundarlos con el fuego violeta y daros el brillo de la juventud eterna? ¿No enseñan las leyes de la ciencia el poder que hay dentro del propio átomo? La llama violeta tiene infinitamente más poder que un solo átomo. Por tanto, os digo: cargaos con esta energía. ¡Usad el fuego violeta!*

Hemos estado yendo por ahí sin darnos cuenta de cuánto pesa nuestro cuerpo debido al estado de nuestra conciencia humana, sin ver lo ligeros que podemos ser y cuánto podemos extender nuestra vida si invocamos la llama violeta generosamente. Saint Germain nos cuenta algunos de los beneficios:

*Para algunos de vosotros, el uso de la llama violeta os ha capacitado para saldar una buena cantidad de karma; para otros, la dureza de corazón se ha derretido en el chakra del corazón. Habéis descubierto en vosotros un nuevo amor, una nueva compasión, una nueva sensibilidad hacia la vida, una nueva libertad, una nueva alegría en la búsqueda de esa libertad. Donde había un tira y afloja, la llama violeta ha ayudado en las relaciones con la familia. La llama violeta os ha liberado para saldar viejos karmas, para perdonar viejas heridas y para poneros en el mejor camino hacia la suprema libertad espiritual.*

Es casi imposible mencionar todos los beneficios de la llama violeta. Su alquimia en la personalidad simplemente lo abarca todo. La llama violeta persigue los cismas que son la raíz de los problemas psicológicos\* que se originaron en la más tierna infancia y en vidas pasadas, incluso aquellos que han establecido surcos tan profundos en el registro de la conciencia que, por su sutileza, han sido difíciles de desarraigar vida tras vida.

El Arcángel Zadquiel dice: «El paso más grande hacia el progreso personal que podéis dar es el uso constante de la llama violeta transmutadora»[11].

---

\**La llama violeta, aunque es eficaz en el manejo de problemas psicológicos, no puede reemplazar los consejos profesionales. La llama violeta es un adjunto y un facilitador.*

## LAS CINCO CLAVES *de* ZADQUIEL *para* CREAR MILAGROS

**1. Ten fe en el poder de los arcángeles para producir cambios.**

Deja que tu aura brille con fe; fe en Dios, fe en su Cristo, fe en el fuego que él ha puesto en tu corazón, fe en que los ángeles responden a tus llamados. El llamado siempre obtiene repuesta, aunque no siempre sea de la forma que tú creas. Zadquiel dice: «Las legiones de luz de la llama violeta... pueden afrontar cualquier condición del planeta Tierra. Somos los refuerzos... más cercanos a la octava física»[12].

**2. Sé específico al hacer el llamado.**

«El mundo está lleno de tantas injusticias», dice Zadquiel. «Tened cuidado con no desperdiciar vuestras municiones disparando aquí y allá sin acertar de forma considerable en ninguna parte»[13]. En cambio, examina la situación mundial y escoge tu causa o causas por las que merezca la pena luchar. Elige una o dos causas y luego trabaja en ellas incesantemente con los decretos y meditando.

Participa activamente en cualquier grupo que haya establecido su curso hacia esa misma causa, y decreta por esa situación. Agrúpate con gente maravillosa que esté trabajando por esa causa pero que no tiene el poder y la ciencia de los decretos. Verás cuántas cosas sucederán debido a tu contribución con lo que sabes hacer mejor, que es invocar la llama violeta.

**3. Envía misiles de llama violeta.**

Zadquiel dice: En respuesta a vuestro llamado, enviamos «misiles de llama violeta... cohetes espirituales de llama violeta comprimida, comprimida hasta tal punto» como para consumir capas y más capas de registros de obras malvadas de ángeles caídos. Hace falta un serio compromiso y una auto-disciplina diaria para que en el momento de necesidad estés lleno de oración. Puedes pedir que estos misiles de fuego violeta penetren en el cuerpo físico de la Tierra y salven a la gente. «¡Con Dios todas las cosas son posibles!»[14].

### 4. Satura tu aura de llama violeta.

Piensa en tu aura como una fuente de llama violeta y que todos los que se encuentren contigo puedan llegar y beber de esa fuente de luz. Ten siempre llama violeta almacenada y presente en ti, disponible para alguien que tenga necesidad.

Zadquiel dice: «Para marcar diferencias en el ámbito de las profecías del mundo, la llama violeta debe pasar de nuestra octava a la octava física a través de vosotros, a través de vuestra aura y vuestros chakras» hacia la gente que la necesita. «Jamás una verdad ha sido más cierta: la Intercesión Divina debe hacerse física a través de los santos encarnados»[15].

Los adeptos de todos los tiempos han utilizado la alquimia de la llama violeta para lograr las curaciones y los milagros, las profecías y los juicios que eran las mismísimas señales de su venida. La saturación de su aura con la llama violeta fue y es el medio por el cual los avatares han sostenido el equilibrio del karma del mundo. Mediante la amplificación de la llama violeta por medio del chakra de la sede del alma, han emprendido la transmutación planetaria de la oscuridad por la luz y han sobrevivido como pilares de fuego en medio del peso planetario del mal.

El karma del mundo es muy grande en estos tiempos. Vemos cómo se acercan plagas a la Tierra. La vida es más difícil. La economía es difícil. El empleo está difícil. Parece que se necesita más esfuerzo para hacer cualquier cosa. Todo lo que hacemos hoy día, realmente tenemos que trabajar duro para conseguirlo. Por eso necesitamos la llama violeta.

**5. La clave del cambio es implicarse.**

Zadquiel dice que la puerta abierta a la luz en la octava física eres tú y está en el poder de tu Palabra hablada para decretar, para manifestarte y para protestar por todas las injusticias que haya en tu comunidad. Tú eres la puerta abierta por la cual la llama violeta llega a la Tierra. «Rezad ante el altar, luego id y defended vuestra postura en todos los ámbitos donde la vida esté amenazada. Vosotros sois la puerta abierta a la seguridad y la salvación en la Tierra»[16].

Invita a los arcángeles y sus legiones a entrar en tu vida y en la vida de todas las naciones, nombrando los asuntos específicamente; porque a menos que nombres los asuntos, las situaciones, las circunstancias de tu vida donde quieres la intercesión angélica, los ángeles no responderán de manera específica.

Haz una lista de los veinticinco problemas más acuciantes que veas en el planeta Tierra y asigna a los ángeles diariamente, en nombre de Dios, para que solucionen esos problemas. Pon a prueba a los ángeles y verás cómo ellos pueden marcar la diferencia en tu vida.

# ZADQUIEL *y* SANTA AMATISTA

| | |
|---|---|
| RAYO Y COLOR | *Séptimo rayo, violeta* |
| CUALIDADES | *Libertad, alquimia, transmutación, perdón y justicia* |
| CHAKRA | *Sede del alma; 6 pétalos* |
| COBRA PROMINENCIA EN | *Sábado* |
| RETIRO ESPIRITUAL | *Por encima de la isla de Cuba* |

## PÍDELES:

| | |
|---|---|
| DONES ESPIRITUALES | *Libertad del alma, felicidad, alegría, perdón, justicia, misericordia, disolución de recuerdos dolorosos y rasgos negativos, autotransformación* |
| AYUDA PERSONAL CON | *Tolerancia, diplomacia, aprender a perdonar* |
| AYUDA EN ASUNTOS INTERNACIONALES | *Disolución de recuerdos de lucha entre naciones y grupos étnicos; inspiración para la negociación creativa y la redacción de leyes, regulaciones, políticas fiscales y económicas, acuerdos comerciales y de paz* |

# COMULGAR con los ÁNGELES de la LLAMA VIOLETA

Cuando llames a Zadquiel y Santa Amatista, ellos te saturarán tanto a ti como tu mente, tus sentimientos, tus pensamientos, tu corazón, tu alma y tus chakras con la llama violeta. Visualiza la llama violeta arremolinándose alrededor de tus chakras. Hacer un llamado puede ser algo tan sencillo como esto:

Arcángel Zadquiel y Santa Amatista, ayudadme hoy a

_____.

Llena el espacio en blanco diciéndoles en qué necesitas ayuda. Pídeles a ellos y a sus ángeles que vayan a puntos conflictivos del mundo donde haya gente sufriendo para que le den la llama violeta.

Dirige conscientemente la llama violeta hacia todos los problemas de tu vida, pequeños y grandes. Ningún problema es demasiado insignificante para no rezar por él y ningún problema es tan grande que no se pueda solventar. Por tanto, nómbralos a todos.

## LIMPIEZA DE LOS CHAKRAS CON LA LLAMA VIOLETA

La forma de saldar karma y equilibrar las relaciones es equilibrando tus chakras. Y para equilibrar tus chakras simplemente tienes que usar la llama violeta. La llama violeta es esencial porque limpiará los siete niveles y planos de tu ser y saldará tu karma.

Te invito a que lo pruebes. Usa la llama violeta a diario

durante seis meses y llama a Saint Germain y a los arcángeles. Observarás un cambio tal en tu vida, tu conciencia, tu capacidad de pensar, actuar y saber quién eres que simplemente te quedarás asombrado.

Para esta limpieza de los chakras, comenzamos con el chakra del corazón y nos movemos en espiral por encima y por debajo del corazón. Usamos este orden porque queremos duplicar la espiral del cuerpo causal que está arriba, aquí abajo. Debes ver la llama violeta destellando a través de los restos y de la sustancia que está consumiendo a medida que haces cada afirmación. Haz cada grupo de afirmaciones tres veces.

¡Mi corazón es un chakra de fuego violeta,
mi corazón es la pureza que Dios desea!

¡YO SOY un ser de fuego violeta,
YO SOY la pureza que Dios desea!

¡Mi chakra de la garganta es una rueda de fuego violeta,
mi chakra de la garganta es la pureza que Dios desea!

¡YO SOY un ser de fuego violeta,
YO SOY la pureza que Dios desea!

¡Mi plexo solar es un sol de fuego violeta,
mi plexo solar es la pureza que Dios desea!

¡YO SOY un ser de fuego violeta,
YO SOY la pureza que Dios desea!

¡Mi tercer ojo es un centro de fuego violeta,
mi tercer ojo es la pureza que Dios desea!

¡YO SOY un ser de fuego violeta,
YO SOY la pureza que Dios desea!

¡Mi chakra del alma es una esfera de fuego violeta,
mi alma es la pureza que Dios desea!

¡YO SOY un ser de fuego violeta,
YO SOY la pureza que Dios desea!

¡Mi chakra de la coronilla es un loto de fuego violeta,
mi chakra de la coronilla es la pureza que Dios desea!

¡YO SOY un ser de fuego violeta,
YO SOY la pureza que Dios desea!

¡Mi chakra de la base es una fuente de fuego violeta,
mi chakra de la base es la pureza que Dios desea!

¡YO SOY un ser de fuego violeta,
YO SOY la pureza que Dios desea!

Cuando hagas la última estrofa, ve cómo toda esta espiral que comienza en el corazón se convierte en un disco giratorio de llama violeta. Gracias a esa acción giratoria se convierte en un imán que baja la luz del Padre, elevando la luz de la Madre en ti.

## AFIRMACIONES DE LLAMA VIOLETA

Cuando hagas la siguiente afirmación, recuerda que las palabras «YO SOY» son el nombre de Dios, tu Poderosa Presencia YO SOY. Cuando dices «YO SOY la llama violeta en acción en mí ahora», en realidad dices «Dios en mí es la llama violeta en acción en mí ahora». La llama es Dios y Dios es quien envía la llama violeta para que podamos usarla. Dios está en acción en nosotros. Cuando afirmas eso, estás afirmando que la totalidad de tu ser está manifestando la acción de la llama violeta de Dios.

### YO SOY la Llama Violeta

YO SOY la llama violeta
en acción en mí ahora
YO SOY la llama violeta
solo ante la luz me inclino
YO SOY la llama violeta
en poderosa fuerza cósmica
YO SOY la luz de Dios
resplandeciendo a toda hora
YO SOY la llama violeta
brillando como un sol
YO SOY el poder sagrado de Dios
liberando a cada uno.

# Cómo conocer
## *a tu* ángel *de la* guarda

9

# CÓMO CONOCER a tu ÁNGEL de la GUARDA

*T*u ángel de la guarda ya te conoce mejor que nadie en el universo y por eso es tu ángel de la guarda y tu amigo o amiga. Tu principal ángel de la guarda no es otro que tu Santo Ser Crístico.

¿Cómo llegó a ser conocido tu Santo Ser Crístico como tu ángel de la guarda? Esto se debe a que en los dos mil años desde la venida de Jesucristo no se nos ha enseñado que cada uno de nosotros tiene una Presencia Crística. Por consiguiente, la gente llegó a conocer a esa presencia, ese amigo y guía, como su ángel personal. Y en verdad tu Santo Ser Crístico *es* tu ángel personal.

Los siete arcángeles pueden enviarte otros ángeles de la guarda de vez en cuando. Dependiendo de tu devoción y amor así como de la cantidad de tareas que les des, podrías tener docenas de ángeles que responden a tus oraciones y que ayudan a tus seres queridos. Tu Santo Ser Crístico, tu principal ángel de la guarda, es quien los dirige.

Nuestro Santo Ser Crístico es nuestro Yo Real. El hecho de tener un Santo Ser Crístico no es solo un concepto cristiano.

Jeremías profetizó la venida del Yo Real, a quien llamó «El Señor, Justicia Nuestra», un nombre apropiado para el Santo Ser Crístico. *Justicia* significa *uso correcto* de las leyes de Dios. Tenemos que conocer las leyes de Dios para estar seguros de que todo lo que pidamos a los ángeles sea lícito; y esto es lo que nuestra Presencia Crística, nuestro ángel de la guarda, nos enseña. Este Yo Real también es conocido como Yo Superior o Conciencia Superior.

Tu Santo Ser Crístico, tu verdadera identidad, es quien tú eras cuando Dios te creó a ti y a tu llama gemela a partir de su cuepo de fuego blanco, el cuerpo causal original, el Cuerpo de Primera Causa.* Poco a poco, después de eones de experimentar la perfección en este Gran Cuerpo Causal de Dios, elegiste mediante el ejercicio del libre albedrío abandonar esa perfección y explorar las esferas más densas del universo de la materia.

Es entonces cuando tú y tu llama gemela comenzasteis a hacer karma, especialmente karma negativo. La ley del karma, consiguientemente, hizo que te vieras atado a los reinos de imperfección donde incurriste en ese karma. Por eso estamos todos aquí. Por eso poseemos un conocimiento parcial de quiénes somos y de dónde hemos venido. Y por eso Dios ha enviado a sus ángeles a que nos recuerden, a que vivifiquen nuestra antigua memoria sobre quiénes somos y de dónde procedemos.

Tenemos cuerpos mortales en lugar de los cuerpos inmortales que una vez tuvimos y *no* estamos ante nuestro Dios cara a cara. Somos humanos de tantas formas, pero también somos divinos y la divinidad en nosotros es lo que contempla

---

*Existe un cuerpo causal en el Gran Sol Central y existe una réplica individual del cuerpo causal por encima de ti, rodeando a tu Presencia YO SOY.*

a Dios cara a cara. La esencia de nuestra divinidad, nuestro Santo Ser Crístico, *sí* ve a Dios, nuestra Poderosa Presencia YO SOY, y refleja esa Imagen Divina sobre nuestra alma para que podamos comenzar todos los días a ponernos, de nuevo, la imagen y semejanza de Dios según la cual fuimos creados en un principio.

El Evangelio de Mateo contiene la enseñanza de Jesús sobre este ángel que contempla el rostro del Padre: «Mirad que no menospreciéis a uno de estos pequeños; porque os digo que sus ángeles en los cielos ven siempre el rostro de mi Padre que está en los cielos»[1].

## CREENCIAS GNÓSTICAS *sobre los* ÁNGELES

Algunos de los primeros cristianos, conocidos como gnósticos, tenían una creencia única sobre los ángeles. Los gnósticos eran miembros de sectas cristianas primitivas que creían poseer las enseñanzas secretas, o místicas, de Jesús y que ese conocimiento especial era el medio hacia la salvación. Algunos escritos gnósticos enseñan que el equivalente espiritual del gnóstico es un ángel. Es decir, también llamaban ángel al Santo Ser Crístico.

La meta del gnóstico es llegar a ser la novia de su ángel. El instructor gnóstico Heracleon llama a este equivalente gnóstico *esposo* del gnóstico.[2] Los gnósticos se referían al alma, que habita en el cuerpo humano, como *ella*, asignándole el género femenino. Y al ángel, o Santo Ser Crístico, le asignaban el género masculino.

En la tradición mística del catolicismo, el alma busca convertirse en la novia de Jesucristo. Incluso algunas personas no católicas lo creen. Aimee Semple McPherson, la gran evange-

lista cristiana del siglo veinte, publicó una revista titulada *Llamada nupcial (Bridal Call)*. Ella siempre esperaba que el Novio viniera y recibiera a su alma. Este concepto de ser la novia de Cristo, por tanto, ha estado presente durante dos mil años en el pensamiento cristiano. En otras tradiciones esta unión es denominada matrimonio alquímico.

Los maestros ascendidos enseñan que nuestra alma debe desposar, o unirse, a nuestro Santo Ser Crístico. En el principio estábamos unidos a él, pero perdimos esa unión. Es como si el Novio se hubiera divorciado de nosotros porque ya no estábamos en la vibración pura del amor divino.

El modo de volver a lograr esta unión es dando devoción a Dios y dando amor en todas las circunstancias posibles, soportando cualquier tentación que nos quiera llevar a la ira. Al practicar la presencia de Cristo y caminar tras sus pasos y al esforzarnos diariamente en volver a estar unidos a nuestro Señor, queremos restaurar nuestro Primer Estado, el que teníamos cuando Dios nos creó.

## ÁNGELES *de la* GUARDA *por* TODO *el* MUNDO

Algunas de las religiones del mundo enseñan que Dios nos asigna a cada uno de nosotros un ángel de la guarda, cuyo cometido es vigilarnos y cuidar de nosotros. Los hebreos y algunos de los primeros cristianos también enseñaban que las naciones tenían sus propios ángeles de la guarda. Estos ángeles, según creían, podían proteger al país y rogar por él cuando se veía amenazado por el castigo divino.

El islamismo enseña que cada persona tiene cuatro ángeles de la guarda que la protegen de las fuerzas del mal. Dos ángeles protegen a la persona durante el día y dos durante la noche. Según la enseñanza musulmana, el ángel protector colocado a la derecha del hombre escribe sus buenas obras inmediatamente. El ángel a su izquierda registra sus malos actos unas horas después de que los cometa, dándole primero algún tiempo de arrepentirse.

La Iglesia Católica enseña que cada uno de los fieles tiene su propio ángel de la guarda y cree que este ayuda en asuntos espirituales, corporales y terrenales, ya que incumben a tu salvación. La tradicón católica explica el papel de los ángeles de la guarda como un papel doble. Primero, ellos protegen y dirigen al hombre. San Basilio dijo: «Es doctrina de Moisés que cada creyente tiene un Ángel que le guía como instructor y como pastor»[3].

Segundo, los ángeles de la guarda actúan como intercesores. Se anima a los católicos a que pidan a los ángeles que recen por ellos y los protejan. Si te criaste en la religión católica, puede que te acuerdes de esta oración:

*Ángel de mi guarda, dulce compañía,*
*no me desampares ni de noche ni de día.*
*No me dejes solo que me perdería.*
*Hasta que amanezca en los brazos de Jesús, José y María. Amén.*

San Bernardo instó a la reverencia hacia los ángeles de la guarda:

*Recordad siempre que estais en presencia de vuestro Ángel*
*de la Guarda…*
*Si realmente amamos a nuestro Ángel de la Guarda, no*
*podemos dejar de tener una confianza sin límites en su*

*poderosa intercesión ante Dios y una fe firme en su voluntad de ayudarnos. Esto nos inspirará frecuentemente para que invoquemos su ayuda y protección, especialmente en tiempos de tentación y tribulación. También suscitará que le pidamos consejo en los muchos problemas que enfrentamos, en asuntos tanto grandes como pequeños. Muchos de los santos establecieron la práctica de no emprender jamás nada sin buscar primero el consejo de su Ángel de la Guarda.*[4]

Realmente nuestro Santo Ser Crístico es nuestro orientador y consejero.

## CAMINAR y HABLAR con tu ÁNGEL DE LA GUARDA

El teólogo del siglo III Orígenes de Alejandría enseñó que el ángel que te asiste se marchará si por desobediencia te vuelves indigno. San Jerónimo enseñó que podemos empujar al ángel de la guarda a marcharse cuando no nos arrepentimos de nuestros pecados. San Basilio dijo: «El pecado echa a los ángeles como el humo echa a las abejas y el hedor hace huir a las palomas»[5].

No se trata de que Dios nos esté castigando ni que nuestros ángeles de la guarda nos quieran abandonar. Se trata de que al estar desalineados con la voluntad de Dios habremos puesto una gran distancia vibratoria entre nosotros y los ángeles.

Orígenes también cita la enseñanza dada en textos cristianos primitivos según la cual los ángeles buenos y malos influyen en los pensamientos y acciones de los hombres. El filósofo judío Filón sostiene que en cada alma vive un ángel bueno y uno malvado. *El pastor de Hermas*, texto que los primeros cristianos tenían en alta consideración, dice:

*Dos ángeles acompañan al hombre: uno de justicia, el otro de iniquidad…*
*El ángel de justicia es moderado y modesto, amable y tranquilo. Cuando entra en tu corazón, inmediatamente habla contigo de justicia, de modestia, de castidad, de la generosidad del perdón, de caridad y de piedad.*
*Cuando todas esas cosas llegan a tu corazón, sabe pues que el ángel de justicia está contigo… Haz caso de este ángel y de sus obras…*
*Cuando la ira te domina, o la amargura, sabe que [el ángel de la iniquidad] está en ti.*[6]

Si realmente quieres caminar y hablar con tu ángel de la guarda, no hay nada que pueda detenerte. Tu ángel no levantará ninguna barrera. La única barrera quizá sea tu timidez, tu temor o tu olvido de hablar con Dios, confesar tus pecados, contarle tu deseo de hacer mejor las cosas y vivir una vida que te capacite para conseguir tu meta de unión con él.

Comenzar una nueva vida no solo con tu ángel de la guarda sino con todos los ángeles del cielo, es tan fácil como darse la vuelta y entrar en una habitación. Recuerda que Dios creó a los ángeles para que fueran nuestros cuidadores en nuestro regreso al Origen.

## SANTOS, PAPAS y sus ÁNGELES de la GUARDA

San Francisco de Sales era muy devoto de los ángeles de la guarda. Antes de empezar con sus sermones siempre pedía a los ángeles de la guarda de su congregación que abrieran el corazón de las personas hacia su mensaje. La escritora Gloria Gibson escribe que san Francisco de Sales «solía enviar mensajes a sus

amigos dándoselos a su ángel de la guarda, quien inmediatamente los transfería al ángel de la guarda del amigo»[7].

El Papa Pío XI también era devoto de su ángel de la guarda. El escritor George Huber dice que el papa Pío animó al futuro Papa Juan XXIII, entonces monseñor y delegado apostólico, a expresar una devoción similar, diciéndole:

*Cuando tengamos que hablar con alguien que sienta cierto rechazo hacia nuestro argumento y con quien, por tanto, tengamos que tener una conversación más bien persuasiva, acudimos a nuestro ángel de la guarda. Pedimos a nuestro ángel que hable con el ángel de la guarda de la persona que tengamos que ver. Y una vez que los dos ángeles lleguen a entenderse, la conversación del papa será mucho más fácil.*[8]

El Papa Juan XXIII consideraba la devoción a los ángeles de la guarda como parte esencial de la propia vida espiritual. Una vez dijo que Dios le inspiró por medio de su ángel de la guarda a convocar su histórico consejo ecuménico. Cuando este papa se dirigía a una muchedumbre, se imaginaba a los ángeles de la guarda de los presentes y les enviaba un saludo en silencio. Esto es lo que escribió a su sobrina: «Me consuela sentir a este protector especial cerca de nosotros, este guía de nuestros pasos, este testigo de nuestras más íntimas acciones». También dijo que nuestro ángel de la guarda «es un buen consejero que intercede cerca de Dios por nosotros, que nos ayuda con nuestras necesidades, que nos protege de peligros y accidentes»[9]. «Conócelo. Habla con él. Él te contestará»[10].

## ENCUENTROS *con* ÁNGELES *de la* GUARDA

Recibí una carta de una mujer contándome una entrañable experiencia de unión con su Santo Ser Crístico. Esto es lo que me escribió:

*A los treinta y ocho años de edad, tuve una sorprendente experiencia. Estaba sentada en el salón cuidando de nuestro recién nacido, cuando repentinamente una luz y radiación poderosa y feliz comenzó a llenar mi conciencia exterior. Continuó varios días. Di gracias a Dios, le alabé y pedí poder comprender más perfectamente esta maravillosa bendición.*

*Después de unos días así, de repente me di cuenta de que la vibración de esta luz era la de la conciencia Crística que estaba entrando en mi ser. Llamé a mi Ser Crístico y se intensificó. Sabía que ahora podía ver y sentir más claramente qué era en realidad la llama Crística y cómo llamarla mejor minuto tras minuto. Se convirtió para mí en algo real de una manera mucho más profunda.*

*Antes de este punto no había experimentado conscientemente el manto de mi Ser Crístico y no sabía cómo me haría sentir. Ahora, casi a cada momento, estaba concentrada en afirmar al Cristo vivo en mí y en invocar a mi amado Santo Ser Crístico…*

*Quería esa relación que creo muchos místicos de la dispensación cristiana tuvieron con Jesús. ¡Ahora se está abriendo una puerta y puedo ver una posibilidad real en ese sentido dentro de mi corazón!*

Otra mujer contó una experiencia con su ángel de la guarda y el Arcángel Miguel:

*Tenía diez u once años de edad. Era un día caluroso de verano y mi padre acababa de recogernos a mi hermana y a mí del campamento de verano, y viajábamos hacia casa. Estaba exhausta y tenía sueño, tanto que pensé cuánto me gustaría apoyar la cabeza contra la puerta del automóvil y quedarme dormida. Cuando estaba a punto de hacerlo, algo extraño pero hermoso sucedió.*

*Escuché una voz. Jamás olvidaré esa voz. Era una voz femenina, firme pero suave, con autoridad pero tranquilizadora. La voz me habló, y dijo: «No, no apoyes la cabeza. Espera a llegar a casa».*

*No tengo palabras para describir la belleza de esa voz ni la profundidad del interés de ese ser por mí. Así es el amor de un ángel. Instantáneamente obedecí su orden y me puse derecha.*

*Poco después (segundos o minutos) nuestro vehículo recibió el impacto de otro vehículo y mi lado quedó completamente destrozado. Si hubiera tenido la cabeza apoyada como quería, habría podido recibir graves lesiones en la cabeza y quizá haber muerto. ¡Envío mi gratitud a Dios por la maravillosa intercesión de los ángeles de la Luz!*

Tu ángel de la guarda te conoce muy bien. Los siete arcángeles te enviarán a otros ángeles de la guarda si los necesitas, por lo cual, gracias a tus devociones, puede que tengas más de un ángel de la guarda cuidando de ti, de tu familia y seres queridos, de tu vecindario, de tu pueblo o ciudad, de tu país y del mundo.

# COMULGAR con tu ÁNGEL de la GUARDA

## CÓMO LLAMAR A TU ÁNGEL DE LA GUARDA

Llamar a tu ángel de la guarda puede ser tan sencillo como esto:

Señor, envíame a mi ángel de la guarda ahora.

Es una sencilla oración y una solicitud; y lo creas o no, esto es todo lo que se necesita. Después puedes ofrecer otras oraciones a Dios por tus seres queridos y por necesidades muy específicas.

## ORACIÓN A TU ÁNGEL DE LA GUARDA

Una forma de conocer a tu ángel de la guarda es rezándole. La siguiente oración es un vehículo que puedes utilizar para expresar tu devoción a Dios y a tu principal ángel de la guarda, tu Santo Ser Crístico. Las palabras son un recipiente en el cual derramar tu amor. Deja que las palabras te lleven a la restauración de la conciencia de Dios que tenías en el principio.

También puedes usar esta oración para dirigir tu amor a Chamuel y Caridad, los arcángeles que protegen tu corazón físico, tu chakra del corazón y la llama trina, la chispa divina en tu corazón. Esta llama es denominada «trina» porque engendra los atributos principales de la Trinidad: poder, sabiduría y amor.

### Oración a tu principal ángel de la guarda

1. Santo Ser Crístico encima de mí,
   tú, equilibrio de mi alma,
   que tu bendito resplandor
   descienda y me haga íntegro.

Estribillo: Tu llama dentro de mí arde siempre,
   tu paz a mi alrededor siempre eleva,
   tu Amor me protege y sostiene,
   tu deslumbrante luz me envuelve.
   YO SOY tu triple radiación,
   YO SOY tu Presencia viva
   que se expande, se expande, se expande ahora.

2. Santa Llama Crística dentro de mí,
   ven, expande tu luz trina;
   colma mi ser con la esencia
   de rosa, azul, dorado y blanco.

3. Santa conexión con mi Presencia,
   amigo y hermano por siempre querido,
   deja que guarde tu santa vigilia,
   que sea Tú mismo en acción aquí.

Al hacer esta devoción has comenzado a reconectarte con todo el amor divino que conociste en el principio con Dios y tu llama gemela. Tu Santo Ser Crístico, como tu principal ángel de la guarda, no solo es el mediador de la unión de tu alma con Dios sino que también lo es de la unión de tu alma con tu llama gemela.

## UNA ORACIÓN MUY PERSONAL

He aquí una oración muy personal a tu ángel de la guarda y a
su llama en ti, la Santa Llama Crística. En la primera estrofa,
tú hablas a tu ángel de la guarda y en la segunda, tu ángel de
la guarda te contesta.

**Oración a la Santa Llama Crística**

Santa Llama Crística de mi corazón,
ayúdame a manifestar todo lo que eres,
enséñame a verte en todo,
ayúdame a mostrar a los hombres cómo pedir
toda tu gloria del Sol
hasta que se consiga la gran victoria para la Tierra.
¡YO SOY, te amamos, lo eres todo para nosotros!
¡YO SOY, te amamos, escucha nuestro llamado!

Escucho vuestro llamado, niños queridos;
YO SOY vuestro corazón, no temáis jamás;
YO SOY vuestra mente, también vuestro cuerpo,
YO SOY en cada célula vuestra.
YO SOY vuestra tierra, mar y cielo
y no pasaré por alto una sola alma.
YO SOY en vosotros, vosotros estáis en mí.
YO SOY, YO SOY vuestra victoria.

Al hacer esta oración estás hablando a tu ángel de la guarda, renovando el lazo de unión. Es muy importante que lo hagas y puedes rezar a tu ángel de la guarda en cualquier momento o a cualquier hora del día. No tiene por qué ser algo formal. Simplemente mantén abiertas las vías de comunicación y verás que cada día tendrás una mayor sensibilidad hacia esa presencia que siempre está contigo.

Puedes leer estas palabras y saber que este es el consuelo que te da tu ángel de la guarda al hablarte. Después puedes desarrollar un oído y un corazón atento, aprender a filtrar las voces del mundo y escuchar a tu Santo Ser Crístico hablarte directamente.

# Cómo trabajar *con los* ángeles para tener exito

10

# SANTO JUSTINIUS *y* LAS HUESTES *de* SERAFINES

Santo Justinius es el Capitán de las Huestes Seráficas. Es el jefe del orden de ángeles conocido como los serafines. Justinius es un nombre que significa 'el que es justo'.

La palabra *serafín* se deriva del verbo hebreo que significa 'consumir con fuego' o 'arder'. En algunas tradiciones los serafines son llamados los «ardientes». Pero la raíz de la palabra *serafín* es un verbo activo; por tanto, en vez de «seres ardientes o brillantes», los serafines deberían verse como agentes de la purificación mediante el fuego. Los serafines en el arte cristiano con frecuencia son representados en rojo, simbolizando fuego. De hecho, no tienen llamas al rojo vivo a su alrededor sino las frías llamas blancas de la purificación de Dios.

En el folclore judío y la teología cristiana, los serafines son el orden más alto de ángeles. Según la tradición, los serafines son siervos ministrantes que rodean el trono de Dios y perpetuamente cantan: «Santo, Santo, Santo es el Señor Dios Todopoderoso». Al entonar continuamente este mantra, ellos encarnan la santidad de Dios.

Los serafines están perpetuamente absorbidos en el amor

y la adoración a Dios. También adoran a Dios como Madre y componen la guardia de honor de todos los que representan a la Madre Divina.

Santo Justinius enseña que los serafines son seres ígneos que forman círculos concéntricos alrededor del Sol Central. Al realizar sus rondas absorben la luz y el fuego del Sol Central y van a la Tierra y a planetas lejanos arrastrando verdaderas nubes de gloria, marchando en procesión por las avenidas del cosmos.[1] Justinius dice:

> *Los serafines, seres angélicos, son de gran estatura, porque están acostumbrados a las dimensiones de otros mundos.*
> *Y cuando están ante el altar del fuego sagrado [aparecen como] llamas que van subiendo en espiral cada vez más...*
> *Si pudierais penetrar en las pinturas de Gustave Doré sobre escenas angélicas en el cosmos, veríais que incluso la sugerencia que hace la pluma del artista de una infinita multitud de huestes celestiales no puede ni siquiera comenzar a mostrar cómo el cosmos está lleno de seres de luz, de querubines y serafines.*[2]

Justinius dice: «Hay incontables millones de serafines bajo mi mando»[3]. Si quieres la ayuda de los serafines, llama a su capitán. Puedes decir simplemente: «¡Salve, Justinius, Capitán de las Huestes Seráficas! Envía serafines a proteger mi casa, mis hijos, mi comunidad, mi planeta, mi nación».

Cuanto más camines por un sendero de Cristeidad personal, más serás respetado por los ángeles y más se agruparán a tu alrededor. Cuanto más amor divino envíes y desees ayudar a muchos, más te fortalecerán.

## ENCUENTROS *con los* SERAFINES

Hay un texto judío llamado *La vida de Adán y Eva* en el cual un serafín de seis alas lleva a Adán al lago de Aqueronte y lo lava tres veces en presencia de Dios. Recuerda que todos somos hijos e hijas de Dios y, por tanto, lo que un hijo o hija de Dios ha recibido como bendición nosotros también podemos recibirlo. Si quieres que un serafín de seis alas te limpie y lave tres veces, llama pidiéndolo en el nombre del Padre, del Hijo y del Espíritu Santo y espera a ver lo que la voluntad de Dios dicta en tu caso.

El tercer libro de Enoc es una obra apócrifa que contiene la siguiente enseñanza sobre los serafines:

> *¿Cuántos serafines hay? Cuatro, correspondientes a los cuatro vientos del mundo. ¿Cuántas alas tiene cada uno de ellos? Seis, correspondientes a los seis días de la creación. ¿Cuántos rostros tienen? Dieciséis, cuatro mirando en cada dirección. La medida de los serafines y la estatura que tienen se corresponde con los siete cielos. El tamaño de cada ala es como la totalidad de un cielo y el tamaño de cada rostro es como un sol naciente. Cada uno de ellos irradia luz como el esplendor del trono de gloria, de forma que incluso las criaturas santas, los majestuosos ofanines y los gloriosos querubines, no pueden mirar esa luz, pues los ojos de cualquiera que la mire se apagan por su gran resplandor.*[4]

La única referencia bíblica sobre los serafines se encuentra en el Libro de Isaías:

> *En el año que murió el rey Uzías vi yo al Señor sentado sobre*

*un trono alto y sublime, y sus faldas llenaban el templo.*

*Por encima de él había serafines; cada uno tenía seis alas; con dos cubrían sus rostros, con dos cubrían sus pies, y con dos volaban.*

*Y el uno al otro daba voces, diciendo: Santo, santo, santo, el Señor de los ejércitos; toda la tierra está llena de su gloria.*

*Y los quiciales de las puertas se estremecieron con la voz del que clamaba, y la casa se llenó de humo.*

*Entonces dije: ¡Ay de mí! que soy muerto; porque siendo hombre inmundo de labios, y habitando en medio de pueblo que tiene labios inmundos, han visto mis ojos al Rey, el Señor de los ejércitos.*

*Y voló hacia mí uno de los serafines, teniendo en su mano un carbón encendido, tomado del altar con unas tenazas;*

*y tocando con él sobre mi boca, dijo: He aquí que esto tocó tus labios, y es quitada tu culpa, y limpio tu pecado.*

*Después oí la voz del Señor, que decía: ¿A quién enviaré, y quién irá por nosotros? Entonces respondí yo: Heme aquí, envíame a mí.*[5]

Es algo maravilloso esperar al Señor y es un gran momento en la eternidad cuando el Señor te manda el llamado. Otro gran momento en la eternidad es cuando tú respondes al llamado, diciendo: «Heme aquí; envíame a mí».

En algún momento de tu vida, el ángel del Señor te ha dado un encargo, quizá en el rincón más profundo de tu alma, quizá en un punto demasiado lejano para ser recordado. Pero has sido llamado para algo que debes hacer en esta vida, tan ciertamente como que Isaías fue llamado para su misión.

San Francisco de Asís, en los últimos años de su vida,

estando en éxtasis tuvo la visión de un serafín clavado en la cruz. Uno de sus biógrafos narra el episodio:

> *Mientras se encontraba en estado de éxtasis con Dios una mañana, rezando en una ladera de la montaña, he aquí, contempló a un serafín de seis alas, resplandeciendo con fuego, descender de las alturas del Cielo. Cuando con su extremadamente rápido vuelo llegó por el aire hasta estar cerca del hombre de Dios, la imagen de un hombre crucificado apareció detrás de las alas. Dos alas se levantaron por encima de la cabeza, otras dos se extendieron como si estuvieran en vuelo y las dos últimas ocultaban el cuerpo por completo.*
>
> *Ante la visión, al siervo de Cristo le sobrevino una sensación de asombro y su corazón quedó impregnado de una alegría mezclada con dolor… Al desaparecer, la visión dejó un prodigioso ardor en su corazón e imprimió en su carne marcas no menos prodigiosas. De hecho, al poco tiempo las señales de clavos, como las había visto momentos antes en esa imagen del hombre crucificado, comenzaron a aparecer en sus manos y pies. En el costado derecho tenía la cicatriz roja de una herida como si le hubieran clavado una lanza.*[6]

## MI ENCUENTRO *con los* SERAFINES

El apartamento universitario que tenía en Boston estaba justo a un par de calles de la iglesia madre de la Ciencia Cristiana. Una tarde estaba rezando por un ser querido que estaba enfermo y sentí el impulso de ir a la iglesia. Deseaba tanto que esa persona se curara que le dije a Dios en mi corazón: «Sé que con solo poner mis manos en las paredes de esta maravillosa iglesia seré capaz de transferir la luz curativa a esta persona».

No había nadie en la iglesia. Me acerqué al primer par de grandes puertas y puse las manos sobre la pared contigua. Tan pronto como lo hice, vi unos ángeles de fuego enormes, uno a cada lado de la entrada, guardando las puertas de la iglesia.

Fue una experiencia tan extraordinaria que algo en mí quería decir: «Esto no es real; no está ocurriendo». Y sin embargo, lo vi. Así que me dije: «Bueno, voy a hacer lo mismo en la otra puerta».

La iglesia era muy grande, con cabida para más de tres mil personas. Fui corriendo a la siguiente puerta, puse las manos sobre la pared y ahí estaban los serafines. Me fui a todas las puertas de la iglesia. Había serafines en todas ellas.

Aunque Mary Baker Eddy enseñó que los ángeles eran seres de verdad, esa enseñanza en particular es ignorada en la Iglesia de la Ciencia Cristiana. Su interpretación común es que los «ángeles son pensamientos de Dios que pasan al hombre»[7]. Es decir, que los ángeles son solo ideas.

Esto era algo sorprendente. He aquí a un grupo de gente que con su metafísica no creen en los ángeles como seres tangibles y sin embargo los ángeles protegen su iglesia.

Esa visión supuso un momento de suma importancia en mi vida y me sentí llena de luz. Regresé a mi apartamento y puse las manos sobre la persona enferma, y se puso bien. Y pensé en mi corazón: «¿Es que no tienen fin estas gloriosas oportunidades para servir a Dios y conocer a sus ángeles?».

## ASÓCIATE *con los* ÁNGELES *para* TENER ÉXITO

Éxito significa que hemos hecho algo bien, que hemos alcanzado o logrado una meta, que hemos hecho bien un trabajo. En nuestra sociedad esto normalmente significa que ganamos un buen sueldo, somos felices y tenemos una buena vida. Sin embargo, ¿cuántas veces has visto a gente de éxito estar tan metida en el éxito materialista que ni siquiera ha considerado que pudiera tener éxito o ser un fracaso espiritualmente?

Creo que el éxito comienza con alinearse con el arquetipo que tenía la voluntad de Dios para uno en el principio. Éxito significa llegar a ser quien eres en realidad. Puedes tener todo el éxito del mundo, no hay nada malo en eso, Jesús prometió una vida abundante. Pero es necesario tener una base para que el éxito y la realización sean permanentes.

El éxito en realidad empieza con la decisión de vivir una vida en Dios, a través de Dios, para Dios y para su gente, en vez de vivir para ti mismo, solo para tomar lo que todo y todos pueden hacer por ti. El éxito permanente va más allá de esta vida, más allá de las cortas décadas que tienes en este cuerpo. Es un éxito por el cual aumentas los anillos de tu árbol de la vida gracias a una vida de calidad, experiencias de calidad con otros y en Dios.

Ten la disposición de escuchar la voz de Dios en tu interior y de cultivar esa voz. Esa voz es tu conciencia. Es tu Yo Superior. Muchas personas no oyen la voz de Dios porque hace mucho que la silenciaron. No quieren escuchar lo que tiene que decir porque entonces podrían tener que hacer algo que no quieren hacer.

Cada vida es una pirámide y tú estás construyendo el cimiento cada vez que das un paso bien, porque has escuchado a Dios y seguido su voluntad. En mi vida he observado que si me saltaba una instrucción de Dios me perdía toda una cadena, porque cada instrucción y su cumplimiento por mi parte conducían a la siguiente y a la siguiente.

Cuando no tienes plenitud, tu yo fragmentado compromete la alquimia de tu vida, los pasos que das para producir cambios para ti o el mundo a tu alrededor. Cuando estás bien con Dios, todo lo que tocas tiene éxito.

Estar bien con Dios significa que realmente tienes que trabajar en tus aspectos psicológicos. Lee libros de psicología. Trabaja con un psicólogo si fuere necesario. Cura las partes separadas de ti mismo con la ayuda de Dios y de los serafines. Los ángeles te enseñarán a tener éxito y trabajarán contigo para que lo consigas.

## PONTE METAS *y* ESCRIBE TU PLAN

Cuando tienes un plan, tienes más probabilidades de manifestar precisamente lo que quieres. Ponte metas: lo que quieras lograr desde hoy en adelante el resto de tu vida. Medita en ellas, escríbelas. Tu plan puede ser una lista de afirmaciones sobre lo que sucederá en tu vida y lo que estás dispuesto a hacer para que esto ocurra; o puede asumir la forma de un mapa del tesoro.

Elige una edad razonable hasta la que crees que llegarás y luego pregunta: «¿Siendo realista, qué puedo lograr?». Tacha aproximadamente nueve de cada diez cosas que crees que podrías hacer o que incluso harás. Concéntrate en un propósito definido que sabes que hará de este mundo un lugar mejor.

Descubre cuál es tu plan divino para esta vida. Si no lo haces, podrías desperdiciar toda una vida. Solo tú puedes saber cuál es el plan. Lo descubrirás en tu corazón. Reza para que Dios te lo revele. Luego trabaja duro, aprende y colócate en una posición en la que puedas tener las cosas materiales que necesites y quieras en la vida que te apoyen en la realización de tu plan divino.

Dedícale siempre tus esfuerzos a Dios. Ofrécele una décima parte de lo que recibas, como Abraham ofreció una décima parte del botín de la batalla a Melquisedec.[8] Si no hay ninguna Iglesia a la que quieras dar el diezmo, dáselo a la mejor organización benéfica que conozcas o a alguna buena causa que sepas que ayuda a la gente.

Es muy importante recordar que una décima parte de lo que tienes pertenece a Dios. ¡Es la levadura que multiplica el resto! Cuando das a Dios una décima parte, él la utiliza como fermento y te devuelve el cien por cien cada vez. No falla. Cuando das el diezmo, multiplicas tu abundancia.

## ÚNETE *a los* ÁNGELES *de* VÍCTORY

Una vez que has establecido una meta principal y has escrito el medio por el cual la vas a alcanzar, los ángeles de Víctory te ayudan a mantener una sensación de victoria y decisión. Los ángeles de Víctory son vehementes y son enormemente decididos; e infundirán en *ti* esa determinación Divina.

La meta en tu vida siempre ha de contener algo para ti, algo para tu familia, algo para la humanidad. Lo que hagas te tiene que enriquecer espiritualmente, intelectualmente y en todos los aspectos, y el resto del mundo también puede ser enriquecido. Supone una gran alegría que algo que tú has hecho haya ayudado a alguien.

El Poderoso Víctory, un maestro ascendido que ha estado dedicado a la llama de la victoria durante miles de años, dice que la única ocasión en que se pueden llevar de ti la victoria

es cuando pierdes el sentimiento de victoria y cuando dejas de afirmar tu victoria.[9] Tú puedes conseguir una victoria, pero los ángeles caídos jamás, jamás lo admitirán. Debes reclamar esa victoria incluso después de haberla conseguido y afirmar que es tuya y que nadie te la puede quitar.

«¡Se necesita algo más que proximidad! Se necesita *apropiación*», dice el Poderoso Víctory. Es decir, no puedes simplemente calentarte al fuego de sus legiones. Debes *convertirte* en el espíritu de la victoria. Sé la llama de la victoria, el estado de ánimo de la victoria, la alegría y el impulso acumulado de la victoria.[10]

¿Cómo se hace? Hazte notas escritas. Ponlas en la pared, ponlas en el espejo o donde las puedas ver. Acuérdate de que ese día tienes veinticuatro horas y más te vale ponerte manos a la obra para lograr la meta de tu vida. Expulsa de tu mente cualquier sensación derrotista. Cuida tu subconsciente y tu inconsciente para que la negatividad no empiece a salir a flote justamente cuando estás a punto de lograr tu victoria.

Los ángeles de Víctory te ayudarán a superar el menosprecio hacia ti mismo y el pesimismo. Probablemente a todos nos ha pasado alguna vez que hemos tenido la idea, de repente, de que no podemos lograr la meta que nos hemos puesto. Pero *podemos* hacerlo si hemos sido realistas. Por eso la palabra *realismo* es tan importante para nosotros hoy, porque mucha gente no quiere ver la realidad.

El Poderoso Víctory nos dice: «Elimina de tu mente y conciencia esta noche que eres una persona deficiente y, en vez de eso, entra en la conciencia de que eres un ser eficaz, libre en Dios y decidido a embarcarte rumbo a tu victoria cósmica»[11].

Ten paciencia contigo mismo y con los demás. Evita criticar

a la gente y evitarás el karma de retorno por el cual otras personas te critiquen y te abrumen. Una de las principales cosas que se pueden cruzar entre tú y tu unión con Dios en esta vida es el hecho de que no transmutes tu condenación hacia ti mismo y hacia cualquier parte de la vida. El Poderoso Víctory nos dice: «Recordad bien las palabras de Cristo: "En cuanto lo hicisteis a uno de estos mis hermanos más pequeños, a mí lo hicisteis". Tomad, pues, el misterio de la victoria. Todas las personas de la humanidad que están ante vosotros son dioses ocultos por las apariencias... [Son] potenciales de Cristeidad»[12].

## LOS ÁNGELES ESTÁN LISTOS *para* AYUDAR

Una de las cosas más importantes para estar preparados para lograr la meta es ser un discípulo de Jesús, de Gautama o de alguien que sea un gran instructor del pasado o del presente. Ser un discípulo significa estar disciplinado en el Sendero; luego, tener sentido del humor y afrontar los desafíos con alegría. El tiempo te va curtiendo.

Los desafíos de la vida te llegarán con regularidad. Yo solía preocuparme por ellos y eso me afectaba negativamente. Un día, finalmente me di cuenta de que no había pasado por una sola crisis en toda mi vida en la que Dios no me hubiera liberado por medio de sus ángeles. Así es que me dije: «No dejaré que ninguna crisis me perturbe nunca más, porque ya conozco el resultado: Dios me va a salvar cuando mi causa sea justa».

En vez de estar afectado negativamente por los desafíos de la vida, ve al altar y reza. Reza sin cesar. Haz llamados a Dios y da a los ángeles el poder de liberarte, y lo harán. Qué libertad cuando estás absolutamente decidido a que nada te quite el éxito, pase lo que pase, porque Dios así lo ha querido.

Es sorprendente dejar de estar afectado por esas voces que te dicen que alguna horrible calamidad se está acercando a ti. Libérate hoy del temor a cualquier cosa que pudiera acercarse y destruirte. No te lo creas. Dios está en ti y sus ángeles están listos para ayudarte.

¿Cómo nos hemos llegado a convencer de que somos una especie de humildes criaturas? Eso es obra de los ángeles caídos. ¡Saborea tu victoria, huele tu victoria, empápate de tu victoria, sé tu victoria!

## RECLAMA TU VICTORIA

Prepárate para tus pruebas espirituales, porque están llegando. No puedes simplemente llegar a un examen sin preparación; necesitas conocer los hechos, saber qué leyes espirituales puedes invocar en tu defensa. Tu Yo Superior es tu abogado y tú también debes ser tu propio abogado, por lo cual debes tener cuidado con no desperdiciar tiempo, dinero o energía.

Cuando te sientas bajo, instantáneamente llama a los ángeles de Víctory. El Poderoso Víctory dice: «Un fíat con el que invoco a los ángeles» es « Del Señor es la tierra y su plenitud"»[13].

Acumula un impulso de victoria. Cada vez que consigas una victoria, escríbela. Repasa todas las victorias que hayas logrado en esta vida, a pesar de cualquier tipo de adversidad, incluyendo tu karma. Cuando tengas un impulso acumulado en el logro de victorias, estarás colocándote en la mejor posición para conseguir victorias, no fracasos.

Los ángeles caídos no te darán tu victoria. No te darán la tierra ni el asiento en el que estás sentado. Intentarán quitarte todo lo que tienes. Por tanto, debes agarrar la antorcha de tu victoria; y algunas veces has de arrebatársela a esos ángeles rebeldes que intentan quitártela.

También tienes que defender tu victoria. Algunas veces tienes que ser *muy* atrevido y directo para que nadie pueda llegar y robarte tu victoria, robarte tu invención, robarte tu proyecto, tu mejor amigo o tu familia.

Existen muchos cursos sobre cómo conseguir éxito que tienen cosas muy buenas que enseñarnos. Siempre puedes aprender de gente con éxito, y mucha con éxito escribe buenos libros. Lo único que tienes que hacer es tomar las enseñanzas de los ángeles, los decretos y la llama violeta y combinar el sendero espiritual con lo que ha hecho a la gente en los Estados Unidos gente de éxito.

Tanto si estudias a Dale Carnegie o a Napoleon Hill como a los más recientes oradores para motivar a la gente, existen fórmulas para conseguir éxito que puedes seguir paso a paso. Y recuerda, el único éxito permanente llega cuando tomas esos principios y los pones sobre la base de la roca de tu Cristeidad personal. Decide de una vez por todas que *puedes* confiar en Dios, que *puedes* confiar en tu Yo Interior y que *puedes* ganar.

## EL SENDERO *hacia* LA REUNIÓN *con* DIOS

Los serafines están aquí para ayudarte a lograr el éxito supremo: tu reunión exitosa con Dios mediante el ritual de la ascensión. Justinius dice: «Os pido que consideréis esta meta, la meta de la ascensión; y que no la pospongáis para otra vida o para un futuro indefinido. La ascensión es hoy».

Piensa en cómo estás logrando la unión con Dios a cada momento. Molécula a molécula de pensamiento, de corazón, de sentimiento, estás entrando en esa gran unión. Cada día una parte de ti asciende de regreso a Dios.

¿Por qué desear esto? No por ambición, no para tener poder sobre los demás. Desea la unión con Dios solo por una razón: para poder recibir el poder de ayudar a otras personas, de servir para liberar a todo lo que tiene vida, de curar este planeta, para poder hacer algo por los problemas de la humanidad.

Ese es el motivo para buscar a Dios, no para escapar, no para ser beatos ante los hombres, no para ser diferentes de alguna forma, sino porque quieres esa unión con Dios que experimentaron los santos que realizaron su trabajo, lo hicieron bien y no buscaron el reconocimiento. A algunos de ellos nadie les notó y sus nombres no están escritos en la historia; sin embargo, han sido pilares de fuego en la Tierra. Siempre estuvieron acompañados por los serafines y tú también lo puedes estar.

Tú *puedes* conocer a los serafines. Puede que los veas o puede que no. En cualquier caso, de algo puedes estar seguro: ellos están presentes. Por tanto, regocíjate por su presencia y regocíjate por la oportunidad que tienes de acercarte más a Dios mediante sus santos ángeles.

La santidad no es un tipo de estado antiséptico. No es rigidez. No es una mentalidad mecanizada en un intento de ser humanamente perfectos. No existe nada parecido a la perfección humana, es un término equivocado. Todos los seres humanos son imperfectos. Pero eso no es lo que Dios mira.

Dios mira tu corazón, tu alma, tu mente. Dios mira lo más profundo de tu ser: el deseo de tu corazón, la inclinación de tu vida, la dirección que tomas. ¿Contribuyes al mundo con luz, ayudando a encender una llama en cada persona con la que te encuentras, siendo capaz de prestarle tu luz porque no dejas nunca que se te acabe el aceite, porque mantienes tus chakras rebosando de luz de forma que siempre tengas algo que dar?

El camino de los ángeles y el camino de los maestros ascendidos es factible. Es práctico. Es un sendero místico, un sendero que recorres con Dios. Y tienes al intercesor en ti, tu Yo Superior, tu Santo Ser Crístico. No necesitas un intérprete para hablar con Dios, ni necesitas que nadie te diga cuándo eres suficientemente bueno para hablar con Dios. Dios ya te ha dado el don de su presencia.

## NO TE CONDENES A TI MISMO

No te condenes a ti mismo por nada que hayas hecho. Los demonios se crecen al condenarte, pero no tienen ningún derecho a hacerlo. Acepta los juicios de Dios, no los suyos. Expulsa su sugestión mental agresiva, que acecha sobre tu mente y te dice que eres una persona horrible que nunca podrá tener sitio alguno en el reino de Dios por lo que has hecho.

Dios puede perdonar cualquier pecado siempre y cuando el corazón sea penitente y humilde y estés dispuesto a hacer una restitución, comenzando con la llama violeta que transmuta el registro, la causa y el núcleo del pecado. Dios puede perdonar a un asesino, a un fornicador, a un maltratador de niños, a cualquiera que esté dispuesto a rehacer su vida y ser convertido al corazón de Dios en su interior. No importa lo grande o lo pequeño que sea el pecado, no creas nunca que eso sea un defecto o una mancha que no pueda transmutarse por el fuego sagrado de los serafines.

## CÓMO RECIBIR *a los* SERAFINES

Recibe a los serafines, que vienen con el fuego omniconsumidor de Dios. Puedes darles tus sucios harapos, tus vestiduras gastadas. Deja que ellos limpien el ático de la mente, el sótano del subconsciente y el nivel subterráneo debajo del sótano que es el cuerpo físico.

Si puedes hacerlo de forma segura, periódicamente puedes depurarte, limpiarte, ayunar.[14] Puedes ayunar durante un día con agua o té de hierbas, si quieres. Es posible ayunar y comportarse como una persona normal. Nadie tiene por qué conocer la santidad de Dios a la que aspiras.

Habla con Dios en tu corazón. Dios te ha dado un altar, la cámara secreta de tu corazón. La cámara secreta del corazón es una dimensión tan vasta como todo el cosmos pero no es medible en el sentido físico de la palabra. Yendo ahí, tu alma puede comulgar con Cristo, con los ángeles. Es ahí donde susurras tus secretos más profundos, tus amores más grandes, tus problemas. Ve al altar de tu corazón.

Espiritualmente hablando, es tu castillo interior, como lo llamó Teresa de Jesús. Es el lugar en el que te encuentras con tu Dios y tu Yo Real. Es el caminar interior de los místicos de todas las religiones.

## PUEDES CAMINAR *por el* SENDERO *del* MISTICISMO

Este sendero místico tiene unas enseñanzas internas que son lo que debemos vivir y demostrar para que el mundo pueda ser liberado de la religión que ha muerto. Hay tanto en la religión que se ha vuelto una rutina y un ritual muerto.

Las religiones principales del mundo tienen dos facetas. El sistema ortodoxo de rituales proporciona lo que necesitamos en cuestión de estructura, reglas y rituales. Es una religión de formas. Pero un ritual solo significa algo cuando el ministro es una presencia flamígera de luz y puede derramar en ese ritual el fuego de Dios. Cuando lo hace, el ritual se convierte en un cáliz para transmitir la luz del altar. Cuando no lo hace, el ritual está vacío. Y así, a medida que la gente avanza en el sendero espiritual y se vuelve más sensible a la luz, con frecuencia descubre que ese ritual por sí solo no basta. Quiere más.

Luego está el sendero interior del misticismo. Todas las religiones del mundo llevan al descubrimiento de que Dios es un fuego vivo. El fuego es la clave de toda religión, desde el zoroastrismo hasta el taoísmo pasando por el cristianismo. El fuego del Espíritu Santo, la llama, sea como sea que se lo contemple, es lo esencial en el altar del ser. Y la meta del místico es unirse a esa llama, unirse a Dios, ser transformado, ser depurado, ser iluminado y entrar en una unidad total.

El sendero místico es un sendero legítimo. Es legítimo desear estar unido a Dios. Es tu derecho de nacimiento. Todo el amor divino del universo te rodea ahora, intensificándose en tu ser y diciéndote que hoy es el día y la hora en que puedes trascenderte a ti mismo. Por eso Dios envió a sus ángeles, quienes nos ayudan en el proceso de autotrascendencia.

¿Cómo te trasciendes a ti mismo? Sé cada día un poquito mejor que el anterior. Obsérvate y di: «No me gusta la forma en que le hablé a esa persona. Voy a vigilar mis palabras con más cuidado y mañana serán más amables que las de hoy». Observa y autocorrígete, pero no te vuelvas fanático ni rígido.

Trabaja con los ángeles. Llámalos con frecuencia. Ten la disposición de aprender de Justinius y los serafines. Busca la santidad de Dios. Lleva la humildad como un atuendo interior. Sé una persona normal, sin hacer prédicas a cada persona que veas. Vive aquello en lo que creas y haz todo lo que puedas por ayudar a cualquiera que tenga necesidad.

Justinius dice que de esta forma «vas ascendiendo momento tras momento, ergio a ergio, a medida que devuelves a Dios la energía que él te ha dado, a medida que la devuelves con buenas obras, con palabras y actos y el flujo del Espíritu Santo, que puedes lograr magníficamente mediante la ciencia de la Palabra hablada y los decretos»[15]. Justinius dice:

> Marchamos con todas las legiones de todos los rayos y todos los comandantes; porque somos los que asistimos a todos los ángeles a llevar a cabo sus tareas, ¡incluyendo a los ángeles encarnados como vosotros!
>
> Me inclino ante la luz en cada uno de vosotros. Tanto si es un destello de luz como una verdadera conflagración, me inclino ante la luz como la llama de una vela.
>
> Llamadme a cualquier hora de la noche o del día... porque estoy siempre a disposición del Todopoderoso. Y dondequiera que sirva, debo ser consciente de los mensajeros del Señor, de los seres cósmicos, de toda la jerarquía; pero sobre todo de la voz de aquel ante cuya llama me inclino ahora, aquí, en el plano de la materia.[16]

# COMULGAR *con los* SERAFINES
## *y los* ÁNGELES *de* VÍCTORY

### HAZ FRENTE AL FUEGO DE LOS SERAFINES

¿Cómo se hace frente al fuego de los serafines? Debemos invocar el fuego sagrado mediante mantras y decretos para tenerlo en nuestra aura. Debemos establecer el fuego a nuestro alrededor. Si hacemos esto, haciendo frente al fuego de los serafines con este fuego, nos mezclaremos con su aura y nos volveremos congruentes con ella.

Los ángeles de Dios rodean su trono y le cantan constantemente: «Santo, santo, santo, Señor Dios Todopoderoso. ¡Tú eres santo en manifestación en el hombre!». Si haces esta afirmación, los ángeles te honrarán y estarán contigo tal como estuvieron con Jesucristo, Moisés, Buda y tantos otros que nos han precedido.

Santo, santo, santo, Señor Dios Todopoderoso.
¡Tú eres santo en manifestación en el hombre!

Cuando hagas esta afirmación, tan simple como es, te pondrá en contacto directo con los serafines y los querubines de Dios, simplemente debido a esa devoción de tu corazón.

## RECLAMA TU VICTORIA

El Poderoso Víctory dice: «Vengo con alas de victoria. Vengo a poner la corona de laureles de la victoria sobre la cabeza de los vencedores que están venciendo en todas las cosas, que aun siendo tentados y puestos a prueba continúan tenaces hacia la victoria. Ellos son los que están forjando una nueva era.

»Venid, pues. Venid en vuestra alma, oh corazones de luz. Afirmad vuestra victoria, porque habéis conseguido muchas victorias de las cuales no sois conscientes, que yo reconozco y afirmo en el nombre de vuestro Yo Divino»[17].

El Poderoso Víctory nos insta a que utilicemos este fíat para reclamar nuestra victoria:

> En el nombre de Jesucristo y mi Ser Crístico,
> en el nombre del YO SOY EL QUE YO SOY,
> ¡Reclamo mi victoria ahora!
> ¡Reclamo mi victoria ahora!
> ¡Reclamo mi victoria ahora!

# Notas

A no ser que se especifique lo contrario, las referencias de la Biblia corresponden a la versión Reina Valera de 1960.

### Capítulo 1  Los ángeles y tú
(**1**) Hebreos 1:7. (**2**) Hebreos 13:2. (**3**) Hebreos 2:6–11. (**4**) Juan 14:12. (**5**) 1 Corintios 6:3. (**6**) Véase Habacuc 1:13. (**7**) Véase Juan 14:23.

### Capítulo 2  Cómo te protegen los ángeles a ti y a las personas que amas
(**1**) Véase Éxodo 3:13–14. (**2**) Daniel 12:1–2. (**3**) Daniel 12:3. (**4**) 1 Corintios 15:41. (**5**) Josué 5:13–15. (**6**) Apocalipsis 12:7–9. (**7**) Apocalipsis 12:4. (**8**) *Saint Michael and the Angels (San Miguel y los ángeles)* (Rockford, Ill.: Tan Books, 1983), pág. 67. (**9**) Apocalipsis 12:12. (**10**) Arcángel Miguel, "Meet Us Halfway!" ("¡Encontradnos a mitad del camino!"), 5 de julio de 1992, en *Perlas de Sabiduría*, vol. 35, nº 50, 8 de noviembre de 1992. (**11**) Deuteronomio 6:4. (**12**) 1 Tesalonicenses 5:17. (**13**) La Diosa de la Libertad, "The Keepers of the Flame of Liberty" (Los guardianes de la llama de la libertad"), 5 de julio de 1986, en *Perlas de Sabiduría*, vol. 29, nº 65, 23 de noviembre de 1986. (**14**) El Rosario del Arcángel Miguel para Armagedón es una serie de oraciones, canciones y decretos dedicados al Arcángel Miguel. Está disponible en inglés como librito impreso y como grabación audio en www.SummitLighthouse.org. (**15**) Efesios 6:11, 14–17. (**16**) Romanos 10:13.

### Capítulo 3  Cómo te ayudan los ángeles a entrar en contacto con tu Yo Superior
(**1**) Hechos 27:22–23. (**2**) Arcángel Jofiel, "A Yellow Diamond Lodestone" ("Una piedra imán de diamante amarillo"), 9 de octubre de 1971. (**3**) Filipenses 2:5. (**4**) Juan 14:12. (**5**) Arcángel Jofiel y Arcangelina Esperanza, "Is Anything Too Hard for the Lord?" ("¿Hay algo demasiado difícil para el Señor?"), 2 de julio de 1989, en *Perlas de Sabiduría*, vol. 32, nº 36, 3 de septiembre de 1989. (**6**) Arcángel Jofiel y Cristina, 26 de marzo de 1989, en *Perlas de Sabiduría*, vol. 32, nº 22, 28 de mayo de 1989. (**7**) Arcángel Jofiel, "An Era of Unprecedented Enlightenment" ("Una era de iluminación sin precedentes"), 1 de enero de 1989, en *Perlas de Sabiduría*, vol. 32, nº 5, 29 de enero de 1989. (**8**) Arcangelina Cristina, "New Age Teaching Methods" ("Métodos de enseñanza de la nueva era"), 1 de julio de 1973, en *Perlas de Sabiduría*, vol. 16, nº 49, 9 de diciembre de 1973.

### Capítulo 4  Cómo te ayudan los ángeles a experimentar más amor
(**1**) Juan 13:34–35. (**2**) Gálatas 5:14. (**3**) Génesis 3:24. (**4**) Éxodo 25:20, 21–22. (**5**) J. Coert Rylaarsdam, exégesis del Libro de Éxodo, *The Interpreter's Bible (La Biblia del intérprete)* (Nashville, Tenn.: Abingdon Press, 1980), 1:1024. (**6**) Ezequiel 1:4–5, 13. (**7**) Entre los libros recomendados por la Sra. Prophet sobre la curación del niño interior están *Your Inner Child of the Past (Tu niño interior del pasado)*, de W. Hugh Missildine; *Healing Your Aloneness (Cura tu soledad)*, de Erika Chopich y Margaret Paul; *Inner Bonding (Vinculación afectiva interior)*, de Margaret Paul; *The Inner Child*

*Workbook (El libro de trabajo del niño interior)*, de Cathryn L. Taylor; y *Healing the Child Within (La curación del niño del interior)*, de Charles L. Whitfield. **(8)** Arcángel Chamuel y Caridad, "Keys to the Twelve Gates of the Celestial City" ("Claves de las doce puertas de la ciudad celestial"), 14 de febrero de 1986, en *Perlas de Sabiduría*, vol. 29, nº 26, 11 de junio de 1986. **(9)** Hebreos 12:6. **(10)** Arcángel Chamuel, "Be Gone, Forces of Anti-Love!" ("¡Marchaos, fuerzas del antiamor!"), 4 de octubre de 1992, en *Perlas de Sabiduría*, vol. 35, nº 58, 29 de Noviembre de 1992. **(11)** El capítulo 5 del libro de Génesis da los nombres y las edades de algunos de aquellos que vivieron antes del Diluvio de Noé (el hundimiento del continente de la Atlántida). La vida más larga de la que se tiene constancia es la de Matusalén, quien vivió hasta la edad de 969 años. **(12)** Arcángel Chamuel, "Be Gone, Forces of Anti-Love!" ("¡Marchaos, fuerzas del antiamor!"). **(13)** Ídem.

**Capítulo 5  Cómo te ayudan los ángeles a recuperar el espíritu de la alegría**
**(1)** Arcángel Gabriel, "The Hope of the Mother and her Children" ("La esperanza de la Madre y sus hijos), 10 de octubre de 1977. **(2)** Arcángel Gabriel, "The Annunciation of Your Soul's Victory" ("La anunciación de la victoria de vuestra alma"), 3 de mayo de 1991, en *Perlas de Sabiduría*, vol. 34, nº 27, 25 de junio de 1991. **(3)** Arcángel Gabriel, "The Father's Message of Your Salvation unto Him" ("El mensaje del Padre sobre tu salvación hacia Él"), 24 de mayo de 1986, en *Perlas de Sabiduría*, vol. 29, nº 54, 6 de noviembre de 1986. **(4)** Arcángel Gabriel, "The Joy of the Path" ("La alegría del Sendero"), 20 de abril de 1984, en *Perlas de Sabiduría*, vol. 27, nº 30, 4 de junio de 1984. **(5)** Juan 15:11. **(6)** Arcángel Gabriel, "Called to an Unusual Sacrifice" ("Llamados a un sacrificio inusual"), 2 de octubre de 1987, en *Perlas de Sabiduría*, vol. 30, nº 53, 22 de noviembre de 1987. **(7)** Arcángel Gabriel, "The Judgment of Love" ("El juicio del amor"), 15 de febrero de 1986, en *Perlas de Sabiduría*, vol. 29, nº 31, 22 de junio de 1986. **(8)** Arcángel Gabriel, "Annunciation of Your Soul's Victory" ("La anunciación de la victoria de vuestra alma"). **(9)** Arcángel Gabriel y Esperanza, "Sendings of the Sacred Fire" ("Envíos del fuego sagrado"), 31 de diciembre de 1980, en *Perlas de Sabiduría*, vol. 24, nº 9, 1 de marzo de 1981. **(10)** Arcangelina Esperanza, "The Eternal Now Is My Hope" ("El eterno ahora es mi esperanza"), 2 de enero de 1987, en *Perlas de Sabiduría*, vol. 30, nº 4, 25 de enero de 1987. **(11)** Ídem. **(12)** Ídem.

**Capítulo 6  Cómo te ayudan los ángeles a curarte y a curar a los demás**
**(1)** Véase Tobit 6, 11, 12. **(2)** Arcángel Rafael, "The Day of the Coming of the Lord's Angel: Healing, Karma, and the Path" ("El día de la venida del ángel del Señor: curación, karma y el Sendero"), 16 de febrero de 1986, en *Perlas de Sabiduría*, vol. 29, nº 32, 29 de junio de 1986. **(3)** Arcángel Rafael, "A Healing Matrix: The Crystal of the Fifth Ray of Elohim" ("Una matriz de curación: el cristal del quinto rayo de los Elohim"), 29 de junio de 1988, en *Perlas de Sabiduría*, vol. 31, nº 56, 3 de septiembre de 1988; Arcángel Rafael y la Virgen María, "Healing, Karma, and the Violet Flame" ("Curación, karma y la llama violeta"), 8 de febrero de 1987, en *Perlas de Sabiduría*, vol. 30, nº 7, 15 de febrero de 1987. **(4)** Arcángel Rafael y la Virgen María, "Healing, Karma, and Violet Flame" ("Curación, karma y la llama violeta"). **(5)** Arcángel Rafael, "Coming of the Lord's Angel" ("La

venida del ángel del Señor"). (**6**) Véase Juan 9:4, 5; 12:35, 36. (**7**) Arcángel Rafael, "Coming of the Lord's Angel" ("La venida del ángel del Señor"). (**8**) Arcángel Rafael y la Virgen María, "Healing, Karma, and Violet Flame" ("Curación, karma y la llama violeta"). (**9**) Ídem. (**10**) M. R. James, trad., *The Apocryphal New Testament (El Nuevo Testamento apócrifo)* (Oxford Clarendon Press, 1924). (**11**) Virgen María, "Marriage in the Church Universal and Triumphant" ("El matrimonio en la Iglesia Universal y Triunfante"), 24 de diciembre de 1983, en *Perlas de Sabiduría,* vol. 27, nº 2, 8 de enero de 1984; "Behold the Handmaid (Shakti) of the Lord!" ("¡He aquí la sierva (shakti) del Señor!"), 31 de diciembre de 1977; "Good Friday: The Betrayal and the Victory" ("Viernes Santo: la traición y la victoria"), 1 de abril de 1983, en *Perlas de Sabiduría,* vol. 26, nº 28, 10 de julio de 1983.

**Capítulo 7 Cómo te ayudan los ángeles a crear cambios personales y planetarios** (**1**) "The Best and Worst of Everything" ("Lo mejor y lo peor de todo"), *Parade Magazine,* 5 de enero de 1986, pág. 4. (**2**) James H. Charlesworth, ed., *The Old Testament Pseudepigrapha (La seudoepigrafía del Antiguo Testamento)* (Garden City, N.Y.: Doubleday & Co., 1983), págs. 350–51. (**3**) Éxodo 14:13. (**4**) Arcángel Uriel, "'Thus Far and No Farther!' Saith the LORD" ("'¡Hasta aquí y no más!', dice el SEÑOR"), 29 de diciembre de 1985, en *Perlas de Sabiduría,* vol. 29, nº 16, 20 de abril de 1986. (**5**) Chris Merkel, "Cave-In!" *Guideposts* ("¡Cede!", *Guideposts*), febrero de 1993, págs. 25–27. (**6**) Arcángel Uriel, "'Thus Far and No Farther!'" ("¡Hasta aquí y no más!"). (**7**) Arcángel Uriel, "A Sense of Destiny in the Cosmic Stream of History" ("Sentido del destino en la corriente cósmica de la historia"), 25 de mayo de 1986, en *Perlas de Sabiduría,* vol. 29, nº 56, 8 de noviembre de 1986. (**8**) Arcángel Uriel, "The Hour for the Fulfillment of Your Christhood" ("El momento para la realización de vuestra Cristeidad"), 27 de febrero de 1988, en *Perlas de Sabiduría,* vol. 31, nº 36, 6 de julio de 1988. (**9**) Véase *The Science of the Spoken Word (La ciencia de la Palabra hablada),* de Mark L. Prophet y Elizabeth Clare Prophet, para formas de pensamiento a pleno color mostrando cómo puedes visualizar la llama violeta, la llama de la resurrección y la forma de pensamiento curativa sobre distintos órganos. (Summit University Press, 2004.) (**10**) Arcángel Uriel, "I Deliver the Purging Light to Pierce Your Rebellion Against God" ("Emito la luz purificadora para atravesar vuestra rebelión contra Dios"), 1ª parte, 7 de julio de 1991, en *Perlas de Sabiduría,* vol. 48, nº 12, 20 de marzo de 2005. (**11**) Arcángel Uriel y Aurora, "The Hour of Justice Is Come" ("La hora de la justicia ha llegado"), 5 de julio de 1992, en *Perlas de Sabiduría,* vol. 35, nº 55, 21 de noviembre de 1992. (**12**) Arcángel Uriel, "Overcome by the Power of Light!" ("¡Superados por el poder de la luz!"), 30 de marzo de 1983, en *Perlas de Sabiduría,* vol. 26, nº 23, 5 de junio de 1983. (**13**) Arcángel Uriel, "The Sealing of This Cycle of the Lord's Resurrection" ("El selle de este ciclo de la resurrección del Señor"), 15 de abril de 1979. (**14**) Arcángel Uriel, "Walk the Earth as Christs!" ("¡Caminad por la Tierra como Cristos!"), 4 de julio de 1966, en *Perlas de Sabiduría,* vol. 25, nº 50, 12 de diciembre de 1982. (**15**) Ídem.

**Capítulo 8 Cómo te ayudan los ángeles a crear milagros en tu vida** (**1**) Arcángel Zadquiel, "The Joy of Judgment in the Flame of Transmutation" ("La alegría del juicio en la llama de la transmutación"), en Elizabeth Clare Prophet, *Vials of the Seven Last Plagues (Las copas de las siete plagas postreras)* (Gardiner, Mont.: Summit University Press, 2004), pág. 90. (**2**) *Merriam-Webster's Collegiate Dictionary*, 11ª ed., s.v. "alquimia". (**3**) Saint Germain, "The Harvest" ("La cosecha"), 2 de diciembre de 1984, en *Perlas de Sabiduría*, vol. 27, nº 61, 23 de diciembre de 1984. (**4**) Arcángel Zadquiel, "The Sealing of the Seventh Ray" ("El selle del séptimo rayo"), 30 de diciembre de 1980, en *Perlas de Sabiduría*, vol. 24, nº 6, 8 de febrero de 1981. (**5**) Prophet y Prophet, *Science of the Spoken Word (La ciencia de la Palabra hablada)*, pág. 158. (**6**) Arcángel Zadquiel, "My Gift of the Violet Flame" ("La llama violeta como mi regalo"), 6 de octubre de 1987, en *Perlas de Sabiduría*, vol. 30, nº 58, 27 de noviembre de 1987. (**7**) 1 Corintios 15:41. (**8**) Mateo 6:20. (**9**) Arcángel Zadquiel, 5 de abril de 1969. (**10**) *Saint Germain On Alchemy (Saint Germain sobre alquimia)* (Gardiner, Mont.: Summit University Press, 2011), págs. 3–4. (**11**) Elizabeth Clare Prophet, *How to Work with Angels (Cómo trabajar con los ángeles)* (Gardiner, Mont.: Summit University Press, 1998), pág. 91. (**12**) Arcángel Zadquiel, 24 de marzo de 1989, en *Perlas de Sabiduría*, vol. 32, nº 17, 23 de abril de 1989. (**13**) Arcángel Zadquiel y Santa Amatista, "Go Forth and Do Battle with the Goliath of the Modern Superstate" ("Id y librar batalla contra el Goliat del Súperestado moderno"), 30 de diciembre de 1974, en *Perlas d Sabiduría*, vol. 52, nº 21, 1 de noviembre de 2009. (**14**) Arcángel Zadquiel, 24 de marzo de 1989. (**15**) Ídem. (**16**) Arcángel Zadquiel, "Gift of the Violet Flame" ("La llama violeta como mi regalo").

**Capítulo 9  Cómo conocer a tu ángel de la guarda**
(**1**) Mateo 18:10. (**2**) Elaine H. Pagels, *The Johannine Gospel in Gnostic Exegesis: Heracleon's Commentary on John (El evangelio joánico en la exégesis gnóstica: comentario de Heracleón sobre Juan)* (reedición; Atlanta, Ga.: Scholars Press, 1989), pág. 80. (**3**) Peter Lamborn Wilson, *Angels (Ángeles)* (New York: Pantheon Books, 1980), pág. 102. (**4**) *Saint Michael and the Angels (San Miguel y los ángeles)*, pág. 36. (**5**) Valentine Long, *The Angels in Religion and Art (Los ángeles en la religión y el arte)* (Chicago: Franciscan Herald Press, 1970), pág. 97. (**6**) 2 Hermas VI:7, 9, 10, 12, *The Apocryphal New Testament (El Nuevo Testamento apócrifo)* (London: William Hone, 1820). (**7**) Gloria G. Gibson, "Angels Everywhere" ("Ángeles por doquier"), *Catholic Digest*, febrero de 1992, pág. 55. (**8**) Ídem, pág. 56. (**9**) Colleen Smith Mason, "All About Angels" ("Todo sobre ángeles"), *Catholic Digest*, abril de 1991, pág. 44. (**10**) Papa Juan XXIII, citado en Bob y Penny Lord, *Heavenly Army of Angels (Ejército celestial de ángeles)* (Journeys of Faith, 1991), pág. 48.

**Capítulo 10  Cómo trabajar con los ángeles para tener éxito**
(**1**) Justinius, "The Saturation of Light" ("La saturación de luz"), 15 de mayo de 1988, en *Perlas de Sabiduría*, vol. 31, nº. 54, 27 de agosto de 1988. (**2**) Justinius, 2 de junio de 1974. (**3**) Justinius, "The Saturation of Light" ("La saturación de luz"). (**4**) 3 Enoc 26:9–11, Charlesworth, *Old Testament Pseudepigrapha (Seudoepigrafía del Antiguo Testamento)*, pág. 281. (**5**) Isaías 6:1–8. (**6**) Enzo Orlandi, ed., *The Life and Times of St. Francis (La vida y época de san Francisco)* (Philadelphia: Curtis Publishing Co., 1967), pág. 63. (**7**) Mary Baker Eddy, *Science and Health with Key to the Scriptures (Ciencia y salud con clave para las escrituras)* (Boston: First Church of Christ, Scientist, 1875), pág. 581. (**8**) Véase Génesis 14:18–20; Hebreos 7:1–2. (**9**) Poderoso Víctory,

"A Spiral for Christ Victory" ("Una espiral para la victoria de Cristo"), 29 de diciembre de 1974, en *Perlas de Sabiduría*, vol. 43, nº 13, 26 de marzo de 2000. (**10**) Poderoso Víctory, "Always Victory!" ("¡Siempre victoria!"), 2 de enero de 1989, en *Perlas de Sabiduría*, vol. 32, nº 7, 12 de febrero de 1989. (**11**) Poderoso Víctory, "Indomitable Greetings of Cosmic Victory" ("Saludos indómitos de victoria cósmica"), 3 de enero de 1971, en *Perlas de Sabiduría*, vol. 19, nº 45, 7 de noviembre de 1976. (**12**) Poderoso Víctory, "The Circle of Fire" ("El círculo de fuego"), 3 de marzo de 1974, en *Perlas de Sabiduría*, vol. 43, nº 11, 12 de marzo de 2000. (**13**) Poderoso Víctory, "Indomitable Greetings" ("Saludos indómitos"). (**14**) Algunas recomendaciones sobre el ayuno: no ayunes nunca si estás embarazada o en período de lactancia. Si tienes un problema médico o una enfermedad mental, consulta con tu médico antes de ayunar. Ayunar durante más de tres días no es recomendable a no ser que consultes con un profesional de la salud. Si sintieras mareos, desorientación o si enfermaras durante el ayuno, detén el ayuno y vuelve gradualmente a la ingestión de alimentos sólidos. (**15**) Justinius, "The Army of the Hosts of the Lord" ("El ejército de las huestes del Señor"), 6 de marzo de 1977. (**16**) Justinius, "The Will to Win" ("La voluntad de ganar"), 28 de marzo de 1991, en *Perlas de Sabiduría*, vol. 34, nº 17, 28 de abril de 1991; Justinius, "The Saturation of Light" ("La saturación de luz"); Justinius, 2 de junio de 1974. (**17**) Poderoso Víctory, "Spiral for Christ Victory" ("Espiral para la victoria de Cristo").

## Ilustraciones

**1:** *Ángeles mirando Jerusalén.* **2:** *Visión de la Jerusalén celestial de san Juan Evangelista*, Alonso Cano. **9:** La Gráfica de tu Yo Divino. **14:** Los siete chakras principales. **24:** *Los caballeros del Santo Grial* (detalle), Frederick J. Waugh. **27:** *San Miguel*, Domenico Ghirlandaio. **28:** *Aparición de san Miguel y santa Catalina a Juana de Arco* (lado izquierdo del tríptico de *La vida de Juana de Arco*), Hermann Anton Stilke. **37:** *Un ángel se aparece a los israelitas*, Gustave Doré. **38:** *La caída de los ángeles rebeldes*, de *Très Riches Heures du Duc de Berry*, Limbourg brothers. **44:** *San Miguel derrota a Satanás*, Raphael. **59:** *El sueño de san José* (detalle), Philippe de Champaigne. **60:** *El Arcángel Uriel* (vidriera), Tiffany Studios. **64:** *La liberación de san Pedro* (detalle), Raphael. **71:** *La inspiración de san Mateo*, Caravaggio. **72:** El ángel Isrâfîl. **81:** Ángel de *La Resurrección de Jesucristo* (políptico), Tiziano. **82:** *Caridad* (mosaico). **87:** Réplica del Arca de la Alianza, George Washington Masonic National Memorial; foto de Ben Schumin, creativecommons.org/licenses/by-sa/2.5. **90:** *Adán y Eva expulsados del Edén*, Gustave Doré. **109:** *La anunciación: el ángel Gabriel* (detalle), Gaudenzio Ferrari. **110:** El arcángel Gabriel (vidriera). **114:** *La anunciación* (detalle), Leonardo da Vinci. **119:** *Mahoma el Profeta* 1932 (detalle), Nicolás Roerich. **129:** *Abraham y los tres ángeles* (detalle), Gerbrand van den Eeckhout. **130:** *El arcángel y Tobías*, pintor lombardo desconocido, siglo XVII. **135:** *Los tres arcángeles con Tobías* (detalle), Francesco Botticini. **138:** *La Virgen del Globo*. **143:** *La Virgen con ángeles*, William-Adolphe Bougereau. **147:** *La anunciación* (detalle), Philippe de Champaigne. **150:** La forma de pensamiento curativa. **155:** San Uriel (mosaico), St. John's Church, Boreham, Wiltshire. **156:** *Ángel*, Abbott Handerson Thayer. **159:** *El último ángel* 1942 (detalle), Nicolás Roerich. **164:** *Ángeles* (detalle), Benozzo Gozzoli. **175:** *Los días de la creación: el primer día* (detalle), Edward Burne-Jones. **179:** *Ángel con trompeta* (vidriera). **180:** *La oración en el Huerto*, Giulio Cesare Procaccini. **186:** *El sacrificio de Isaac*, taller de Rembrandt. **191:** *San Francisco de Asís en éxtasis* (detalle), Caravaggio. **203:** *Sir Galahad y su ángel*, Noel Paton. **204:** Pintura del siglo XVIII de un ángel de la guarda, artista desconocido. **208:** *Aparición del ángel a san Jerónimo*, Guido Reni. **213:** *San Bernardo y el ángel de la guarda*, Jaume Huguet. **221:** *Los labios de Isaías ungidos con fuego* (detalle), Benjamin West. **222:** *Estigmatización de san Francisco*, Giotto. **226:** *Ángeles en el cielo*, Gustave Doré. **233:** *El Empíreo* (el cielo más alto), Gustave Doré.

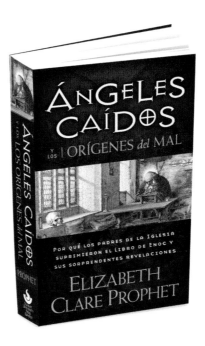
# Ángeles caídos y los orígenes del mal

*Por qué los padres de la Iglesia suprimieron el Libro de Enoc*
*y sus sorprendentes revelaciones*

por Elizabeth Clare Prophet

**¿Adoptaron los ángeles caídos cuerpo humano a fin de satisfacer su lujuria con "las hijas de los hombres"?**

¿Enseñaron a los hombres a construir armas de guerra? Esa es la premisa de la que parte el Libro de Enoc, texto respetado por esenios, judíos y cristianos de los primeros tiempos, aunque condenado, posteriormente, tanto por rabinos como por los padres de la Iglesia. El libro fue censurado y prohibido y "desapareció" durante unos mil años hasta que en 1773 un explorador escocés descubrió tres ejemplares en Etiopía. Elizabeth Clare Prophet demuestra que Jesús y los apóstoles lo estudiaron y expone por qué motivo los padres de la Iglesia prohibieron la enseñanza relativa a que los ángeles podían encarnar en un cuerpo humano.

ISBN 978-1-60988-175-7   4-1/4" X 6-7/8"   475 PÁGINAS   $US 9.95

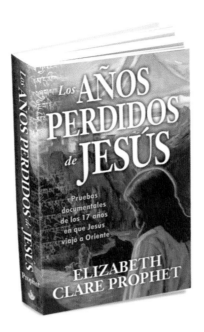

# Los años perdidos de Jesús

*Pruebas documentales de los 17 años en que Jesús viajó a Oriente*

por Elizabeth Clare Prophet

Antiguos textos revelan que Jesús pasó diecisiete años en Oriente. Afirman que entre los trece y los veintinueve años de edad viajó a India, Nepal, Ladak y Tíbet, donde fue estudiante y maestro.

Por primera vez Elizabeth Clare Prophet reúne el testimonio de cuatro testigos oculares –y tres traducciones distintas– de esos relevantes documentos. La autora narra el fascinante relato acerca del descubrimiento de los manuscritos, que llevó a cabo en 1887 en un monasterio de Ladak el periodista ruso Nicolás Notovitch. Algunos críticos 'demostraron' que no existían tales manuscritos; hasta que en el siglo xx tres estudiosos y educadores los volvieron a descubrir. Ahora puedes leer por ti mismo lo que Jesús dijo e hizo antes de su misión en Palestina. Es uno de los mensajes más revolucionarios de nuestro tiempo.

Publicado ahora en español por Summit University Press Español. La edición en inglés se halla en su 13ª impresión y ha vendido ¡más de 300.000 ejemplares en todo el mundo!

ISBN 978-1-60988-168-9    4-1/4" X 6-7/8"    475 PÁGINAS    $US 9.95

www.SummitUniversityPress.com
1-800-245-5445

SUMMIT UNIVERSITY®

Summit University es una escuela de misterios moderna que enseña la ciencia de las religiones del mundo y la verdadera base espiritual de todas las ciencias. Los estudiantes no sólo se sumergen en un abanico de temas en los campos de la espiritualidad, la religión, la cultura y las ciencias, sino que también experimentan una autotrascendencia mediante la introspección, reflexión, meditación y el aprendizaje interactivo.

En 1971 Mark L. Prophet fundó Summit University en Santa Bárbara (California) con el fin de proporcionar en profundidad cursos de estudio sobre temas espirituales y ser una plataforma para la emisión de las enseñanzas originales de los maestros ascendidos.

Los maestros ascendidos son los iluminados, los santos y adeptos de Oriente y Occidente que han hallado la liberación de la rueda del renacimiento. Entre sus filas se encuentran las grandes luminarias espirituales de las principales religiones del mundo, como el Buda Gautama, Jesucristo, la Virgen María, Krishna, Zaratustra, San Francisco y Bodhidharma.

En Summit University el estudiante tiene a su disposición una variedad de vías para el aprendizaje como los productos para el estudio en casa, cursos en línea y seminarios a los que asistir en persona. Nuestra escuela en línea ofrece cursos en distintos niveles que van desde programas de medio día hasta estudios en profundidad de interés actual. También celebramos retiros y seminarios en varios idiomas en nuestro campus, en Gardiner (Montana), y en sitios selectos de todo el mundo. A medida que nuestra universidad se expanda, continuaremos añadiendo nuevos programas a nuestro currículum.

Para información actualizada, visite www.SummitUniversity.org

# PARA MÁS INFORMACIÓN

Para descargar un capítulo gratis, visite:
www.tsl.org/SUPEspanol-capitulo-gratis

Para descargar un catálogo gratis, visite:
www.SummitUniversityPress.com

 Summit University Press Español
@SUPEspanol

Para más información sobre otros productos,
seminarios o conferencias, diríjase a

Summit University Press Español
63 Summit Way
Gardiner, Montana 59030 U.S.A
Tel: 1-800-245-5445 o 406-848-9766
Fax: 1-800-221-8307 o 406-848-9555
e-mail: info@SummitUniversityPress.com
www.SummitUniversity.org
www.TheSummitLighthouse.org
www.SummitUniversityPress.com

**Elizabeth Clare Prophet,** autora mundialmente reconocida y pionera de la espiritualidad práctica, experimentó una profunda conexión con los ángeles desde su adolescencia. Durante 40 años enseñó a los buscadores espirituales de todo el mundo cómo trabajar con los ángeles en su vida cotidiana. Entre sus obras mejor vendidas están *Cómo trabajar con los ángeles, Ángeles caídos y los orígenes del mal, Llama violeta para curar cuerpo, mente y alma y Los años perdidos de Jesús.* Sus libros han sido publicados en más de 30 idiomas y también están disponibles como libros digitales en los principales puntos de venta en la red.